Arwed Vogel

Das Netz vergisst dich nie

PERSEN

Wir verwenden in unseren Werken eine genderneutrale Sprache, damit sich alle gleichermaßen angesprochen fühlen. Wenn keine neutrale Formulierung möglich ist, nennen wir die weibliche und die männliche Form. In Fällen, in denen wir aufgrund einer besseren Lesbarkeit nur ein Geschlecht nennen können, achten wir darauf, den unterschiedlichen Geschlechtsidentitäten gleichermaßen gerecht zu werden.

In diesem Werk sind nach dem MarkenG geschützte Marken und sonstige Kennzeichen für eine bessere Lesbarkeit nicht besonders kenntlich gemacht. Es kann also aus dem Fehlen eines entsprechenden Hinweises nicht geschlossen werden, dass es sich um einen freien Warennamen handelt.

4. Auflage 2025

AAP Lehrerwelt GmbH
Veritaskai 3
21079 Hamburg
Telefon: +49 (0) 40325083-040
E-Mail: info@lehrerwelt.de
Geschäftsführung: Andrea Fischer, Sandra Saghbazarian
USt-ID: DE 173 77 61 42
Register: AG Hamburg HRB/126335

Autorschaft:	Arwed Vogel
Covergestaltung:	TSA&B Werbeagentur GmbH, Hamburg
Coverfoto:	filins – AdobeStock_244876039
Satz:	Satzpunkt Ursula Ewert GmbH, Bayreuth
Druck und Bindung:	Korrekt Nyomdaipari Kft., Budapest

ISBN: 978-3-403-20533-3
www.persen.de

Inhaltsverzeichnis

1 Die Party am Fluss

„Ich finde Tom süß“, sagte Alina, „mehr als süß!“ Aber Grit und Hannah hatten gar nicht richtig zugehört.

„Und er hat mir geschrieben“, sagte Alina siegesgewiss, aber sie merkte sofort, dass das ein Fehler war. Grit und Hannah sahen sich mit einem Blick an, als hätten sie gerade den lächerlichsten Satz des Universums gehört.

„Wir müssen los“, sagte Grit, „ist noch viel zu tun für die Party.“

Sie drehten sich um und gingen zur Bushaltestelle, ohne auf Alina zu achten oder sie zu fragen, ob sie mithelfen wolle.

Alina machte zwei Schritte hinter ihnen her, sah dann aber, dass es aussichtslos war. Sie wollten sie nicht dabeihaben. Wut stieg in ihr hoch: Wut auf Grit, die erst seit drei Wochen hier wohnte und ihr ihre beste Freundin Hannah weggenommen hatte. Wut auf Hannah, die Alina einfach hatte fallen lassen. Ohne ein Wort. Alina lehnte sich an die Schulmauer. Dann holte sie ihr Handy heraus und scrollte durch die Kommentare, die sie für die gestern geposteten Fotos bekommen hatte. Bei so vielen Likes kann ich auf die beiden Zicken verzichten, dachte Alina. Sie begann, nach einer neuen Nachricht von Tom zu suchen, fand aber keine. Dann fiel ihr ein, dass die Jungen ja noch Sport hatten. Wenn sie an Tom dachte, waren ihr Grit und Hannah egal. Alles war ihr egal gewesen, als sie vor ein paar Tagen seine Nachrichten bekommen hatte. Sie hatte in ihrem Zimmer getanzt und sich beherrschen müssen, ihm keine Herzchen und verliebten Smileys zu schicken, sich also vollkommen lächerlich zu machen. Er war schließlich nicht ihr Freund, zumindest noch nicht. Sie schob ihr Handy wieder in die Hosentasche, sah Grit und Hannah hinten am Lehrerparkplatz verschwinden. Dann folgte sie ihnen langsam und mit großem Abstand auf dem Weg zum Sportplatz. Sie konnte ja einfach mal schauen, was sie machten. Es war schwierig, Tom allein zu treffen. Meistens war er mit seinem Bruder und Luke zusammen. Auf Luke standen alle Mädchen, wahrscheinlich auch Grit und Hannah. Sie würde Tom auf dem Sportplatz vielleicht kurz zuwinken und dann einfach wieder gehen.

Aber als sie am Zaun des Sportplatzes ankam, sah sie Grit und Hannah dort stehen wie zwei aufgedrehte Cheerleaderinnen. Luke lief gerade zu ihnen und auch Tom folgte mit dem Ball. Sie redeten und lachten auf einmal laut auf, als wäre die Welt ein einziger Vergnügungspark. Ja, Grit und Hannah waren zu zweit. Zwei Mädchen, zwei Jungen, das passte. Sie, Alina, war allein. Das war die bittere Wahrheit. Tom würde nie ohne Luke zu ihr hinlaufen. Nachrichten hin oder her. Alina drehte sich um und ging über den Parkplatz zurück zur Straße, um nicht von den vieren gesehen zu werden. Aber sie würde nicht aufgeben. Nicht so schnell.

Zu Hause warf sie sich auf ihr Bett, holte ihr Handy raus und schaute ihre Nachrichten durch. Seine Nachrichten. Sie las eine nach der anderen, immer wieder. Nein, sie hatte sich nicht getäuscht.

Sie hatte nicht falsch verstanden, was Tom geschrieben hatte. Außerdem hatte er es nur ihr allein geschrieben. Tom war nicht wie Luke, dem es nur auf die Zahl der Follower seiner Fußballvideos ankam. Die Clips, auf denen er sich minutenlang vor dem Spiegel über das Haar strich und dann mit zusammengekniffenen Augen auf die Kamera zuging – es war so lächerlich. Aber die anderen Mädchen fanden das toll. Alina ging auf

Toms Instagram-Seite. Fotos mit seinen Eltern auf einem Campingplatz, zwei Bilder mit seinem kleinen Bruder, Flo. Und weiter unten ihr Lieblingsbild: Tom am Meer, wie er sich das Basecap vom Kopf zieht und dabei ein Auge zukneift.

Alina überlegte, was sie ihm schreiben könnte, aber ihr fiel nichts ein. Es musste etwas Kluges und Witziges sein, sonst würde er das Interesse vielleicht wieder verlieren. Und das durfte auf keinen Fall passieren. Sie drehte sich auf den Rücken und starrte an die Decke. Worte waren nicht genug. Sie musste etwas tun. Sie stand auf und stellte sich vor ihren Spiegel. Band ihre Haare zuerst nach hinten, dann legte sie sie halb über ihr Gesicht. Senkte den Blick. Er hatte ihr doch geschrieben, dass er die Bilder auf ihrem Profil süß fände und mehr sehen wolle. Alina lächelte. Ja, es war doch ganz einfach. Sie würde ihm Fotos schicken. Aber nur ihm. Ohne Worte. Oder nur mit den Worten „Für dich" mit einem Herz. Nein, das war kitschig. Ohne Herz ist besser, dachte sie dann. Sie holte ihr Handy und das Stativ und ging ins Badezimmer, um sich für das Shooting zu schminken.

Da hörte sie aus dem unteren Stockwerk ihren Vater nach ihr rufen.

„Alina! Bist du da?“ Sie hatte ihn vollkommen vergessen, aber er hatte heute einen freien Tag.
„Jaahaa“, rief sie nach unten.
„Hast du die Hausaufgaben fertig?“
„Ich habe doch noch den ganzen Nachmittag Zeit!“
Sie überlegte, ob sie einige YouTube-Videos anschauen sollte, um auf gute Ideen zu kommen. Sie googelte „Erotische Fotos für meinen Freund“.
„Alina“, rief ihr Vater, „ich muss noch mal weg!“
„Bis später“, rief Alina und atmete auf. Jetzt hatte sie genug Zeit, ganz in Ruhe die Fotos zu machen. Dann wurde sie unsicher. Was, wenn Tom die Fotos nicht gefielen? Ihr kam die Idee, sie ihm nachts zu schicken. Wenn er sie blöd fand, konnte sie dann sagen, sie sei müde gewesen und habe ihm die Bilder nur aus Versehen geschickt. Aber das war eigentlich Quatsch. Wenn ihm die Bilder nicht gefielen, dann hatte sie keine Chance bei ihm. So einfach war das. Entweder, ich schaffe es mit den Bildern, dachte sie, oder gar nicht.
Sie öffnete ihren Kleiderschrank. Da war die neue Unterwäsche, der neue Bikini. Sie zog die Sachen heraus und legte sie auf das Bett. Was wollte sie eigentlich schaffen? Wie sollte Tom reagieren? Er würde ihr wohl kaum „Ich liebe dich“ zurück-

schreiben. Das machte doch kein Mensch. Sie brauchte einen Plan, der zu den Fotos passte. Einen Plan, der so schnell wie möglich funktionierte, weil sonst Grit oder Hannah ihr Tom wegschnappten. Wie übertrieben sie heute beim Sportplatz gelacht hatten! Bei Grits Einzugsparty heute Abend würden sie sich bestimmt wieder an ihn heranschmeißen. Zu der Party wollte Alina eigentlich nicht hingehen, aber es blieb ihr ja nichts anderes übrig. Tom würde da sein und da konnte sie schlecht zu Hause bleiben und Grit und Hannah das Feld überlassen. Alina kämmte sich, holte das Stativ und drehte sich so schnell im Kreis, dass ihre Haare um sie aufflogen. Und da wusste sie, was sie zu tun hatte. Sie würde ihm die Fotos schicken, kurz bevor er zur Party ging. Er würde auf dem Weg nur ihre Bilder im Kopf haben und an nichts anderes mehr denken können, schon gar nicht an Grit oder Hannah. Später konnte sie sich dann neben ihn setzen, im Garten oder auf der Wiese oder wo auch immer. Das war die Gelegenheit, heute alles zwischen ihnen klarzumachen. Sie zog sich um und begann mit dem Fotoshooting.

Um halb acht tippte sie die Nachricht ein und kontrollierte genau, dass sie nur an ihn gesendet

wurde. Vier Bilder, ein sehr gewagtes, das niemand anders zu sehen bekommen durfte.
Die Party begann um acht. Sie würde etwas später hingehen, dann wartete er vielleicht schon auf sie und es sah nicht so aufdringlich aus. Sie musste dann nicht auf ihn zustürmen, um schneller als Grit und Hannah zu sein. Sie warf einen letzten Blick auf die Nachricht und drückte auf Senden.

* * *

Als das Handy vibrierte, ließ Tom es in seiner Tasche. Flo lief ein Stück hinter ihm und riss Zweige von den Büschen ab. Tom fragte sich, ob Flo wirklich schon alt genug für solche Partys war. Flo war dreizehn und eigentlich nur dabei, weil er sein Bruder war. Das Handy hörte auf zu vibrieren, aber Tom ließ es weiter in der Tasche. Es genügte schon, dass Flo überall dabei war, er musste nicht auch noch mitkriegen, mit wem Tom schrieb. Flo wollte immer dabei sein, wenn Luke dabei war. Luke war aber sein Freund und nicht Flos. Tom hatte nie verstanden, warum Luke Flo überhaupt in seiner Nähe akzeptierte.
Schweigend gingen sie jetzt nebeneinander her. Tom hatte sich mit Flo abgefunden. Meistens

stand er sowieso nur stumm dabei, man merkte manchmal gar nicht, dass es ihn gab. Immerhin machte Flo das, was man ihm sagte. Ärgerlich war nur, dass er sich bei allem auf Lukes Seite stellte. Als hätte er Angst, von Luke sonst nicht gemocht zu werden. Oder als wollte er Tom dadurch zeigen, dass er sich gegen ihn durchsetzen konnte, obwohl er der kleine Bruder war.

Tom legte den Kopf zurück und atmete tief ein. Die Luft war immer noch warm, obwohl die Sonne längst hinter den Häusern verschwunden war. Eine Party in einer Villa mit Garten am Fluss. Grits Eltern hatten anscheinend eine Menge Geld.

Vor ihnen tauchte das Haus auf. Eine Hecke verbarg den Garten vor ihren Blicken, aber sie hörten Stimmen, Gläserklirren, Lachen und Musik. Es waren wohl schon eine Menge Leute da.

Sie gingen über den breiten Weg unter großen Bäumen auf den Eingang zu. Die Tür stand offen. Ganz schön mutig, dachte Tom, bei so einem großen Haus. Drinnen war niemand zu sehen. Langsam gingen sie nach hinten ins Wohnzimmer. Durch die Fenster sahen sie, dass alle auf der Terrasse standen. Sie blieben kurz stehen, dann sahen sie Luke und Grit und Hannah.

„Sind deine Eltern gar nicht da?“, fragte Tom, als er neben Grit stand.
„Nö“, sagte sie, „die sind zwei Tage weg.“
„Solche Eltern möchte ich auch haben“, sagte Tom und drehte sich kurz zu Flo, aber der stand neben Luke und schaute in den Garten hinunter zum Flussufer.
„Da können wir nachher baden“, sagte Luke.
„Viel zu kalt“, sagte Grit und lehnte sich an Tom, als würde sie jetzt schon frieren.
Tom ließ den Blick schweifen. Die ganze Klasse war da, einige andere aus der Schule und ein paar Fußballer aus Lukes Mannschaft, außerdem Freundinnen von Hannah aus der Stadt, die er nur vom Sehen kannte. Er beschloss, sich etwas zu trinken zu holen und sich dann unter die Leute zu mischen.
„Ich dreh mal eine Runde“, sagte er zu Luke, der einen Arm um Hannah gelegt hatte und mit ihr in sein Handy grinste.
Die haben wirklich Geld, dachte Tom, als er noch mal ins Haus zurückging, um seine Jacke aufzuhängen. Überall standen Skulpturen. Bilder hingen dicht nebeneinander an den Wänden. Vielleicht war einer in der Familie Maler. Er würde

Grit später danach fragen. Sie war ganz nett, ein wenig hochnäsig, aber das lag vielleicht an der Gegend, aus der sie stammte. Sie hatte auch einen seltsamen Dialekt, den man nur bemerkte, wenn sie sich aufregte. Aber sie sah gut aus und war damit ein perfektes Opfer für Luke. Für den gab es nichts Schöneres als Mädchen, die sich in ihn verliebten, selbst wenn er gar nichts mit ihnen anfangen wollte.

* * *

Alina hatte sich sehr sorgfältig geschminkt und zweimal umgezogen. Um neun stand sie draußen vor der Villa und versuchte, die Stimmen im Garten, vor allem Toms Stimme, zu erkennen. Auf die anderen, vor allem auf Grit, hätte sie gern verzichtet. Sie atmete tief durch, ging dann hinein, lief einmal durch Haus und Garten, entdeckte Tom aber nirgendwo. Dann stellte sie sich zu Hannah auf die Terrasse, die gerade allein war und ihr freundlich winkte. Doch eine Sekunde später tauchte Grit neben ihnen auf, um ein paar leere Bierflaschen einzusammeln. „Kann ich was helfen?", fragte Alina ohne große Überzeugung. Grit schüttelte nur stumm den Kopf. Alina fragte

sich, wo Tom sein konnte, aber Grit oder Hannah zu fragen, wäre zu auffällig gewesen.
Zehn Minuten später stand Tom dann plötzlich vor ihr und umarmte sie. Alinas Herz schlug schneller, aber als er sich von ihr löste und weiterging, merkte sie, dass es gar nicht so gemeint war, wie sie es empfunden hatte. Denn als Nächstes umarmte er seinen Bruder und dann Luke, der mit zwei Drinks aus der Küche kam und grundlos zu lachen anfing. Dann verschwanden beide im Garten und ihnen hinterherzulaufen, hätte seltsam ausgesehen. Alina beschloss zu warten, setzte sich in die Küche, hörte den Mädchen beim Reden zu, blickte hoch, wenn ein Junge kam, aber Tom war nie dabei. Einmal tauchte kurz Luke auf, doch er wollte nur schnell zum Buffet und sah sie überhaupt nicht. Alina überprüfte auf ihrem Handy, ob Tom die Bilder angeschaut hatte. Ja, er hatte die Nachricht bekommen und geöffnet, kein Zweifel. Er musste doch reagieren! Ein Wort zu ihr sagen! Eine Geste, irgendetwas! Aber er blieb verschwunden.
Irgendwann war es draußen dunkel und sie hörte Lachen aus dem Wohnzimmer. Es klang nach Tom und Luke und Alina stand auf, um nachzusehen.
Sie blieb in der Küchentür stehen, als sie die

beiden auf dem Sofa sitzen sah. Sie starrten auf ihre Handys und brachen immer wieder in Gelächter aus. Sogar Grit schaute hinüber und rollte mit den Augen. Flo stand neben dem Sofa und grinste, hatte aber offensichtlich keine Ahnung, was vor sich ging. Alina suchte Hannahs Blick, aber die schüttelte nur den Kopf und ging auf die Terrasse zu den anderen Mädchen. Dann versuchte Alina, den Blick von Tom aufzufangen, aber er schaute niemanden an, warf sich nur lachend vor und zurück. Alina ging an ihnen vorbei, traurig und wütend, dass Tom überhaupt nicht auf sie reagierte. Sie holte ihr Handy aus der Tasche und prüfte noch einmal, ob die Fotos wirklich gesendet worden waren. Ja, er hatte sie bekommen, er hatte sie angesehen. Tom und Luke schlugen sich gerade wie Affen die Fäuste auf die Brust, warfen sich gegenseitig einen Gegenstand zu, den Alina nicht erkennen konnte, und knutschten ihn ab.

„Lasst den Affen in Ruhe“, rief Grit wütend, „stellt ihn sofort wieder hin!“ Aber die beiden hörten nicht auf sie. Alina folgte Grits Blick. Der Affe war eine von drei Bronzefiguren, die sie sich vom Kaminsims genommen hatten. Alina machte ein

Foto von den beiden. „Hör auf!", schrie Luke. „Wenn du die reinstellst, gibt's Ärger!" Aber Alina fotografierte weiter, bis Tom und Luke sich nicht mehr um sie kümmerten.

„Ganz schön kindisch, oder?", sagte Alina danach zu Hannah auf der Terrasse. Hannah zuckte nur mit den Achseln: „Sei doch nicht spießig. So sind sie eben. Ziemlich durchgeknallt."

Ziemlich betrunken, wollte Alina sagen, und überlegte zu gehen. Es war niemand mehr da, mit dem sie sich gerne unterhalten hätte. Aber noch war vielleicht nicht jede Möglichkeit vergeben, mit Tom zu sprechen. Also ging sie wieder rein, hockte sich ins Wohnzimmer und begann, die Fotos zu posten, die sie von Tom und Luke gemacht hatte. Es geschah ihnen nur recht, wenn sie sich mit dieser Affennummer lächerlich machten. Vor allem Tom, der nicht auf ihre Fotos reagiert hatte, der so getan hatte, als hätte er sie nie bekommen. Da bemerkte sie, dass die beiden zusammen mit Flo an ihr vorbei in den Garten taumelten.

Sie murmelten irgendetwas von schwimmen gehen und verschwanden draußen in der Dunkelheit. Alina lief hinter ihnen her, fotografierte, wie

sie am Ufer ihre Schuhe auszogen und in die Hand nahmen. Ohne sich die Hosen hochzuziehen, begannen sie, ins Wasser zu steigen. Luke stützte sich auf Flo und Tom auf Luke.
„Du bist ein echter Freund, Flo", sagte Luke. Alina blieb zurück am Ufer, hörte, wie Toms Stimme vom Wasserrauschen übertönt wurde. Es blieb ihr nichts anderes übrig, als anzuerkennen, dass Tom kein Interesse an ihr hatte, dass ihm Luke wichtiger war, zumindest an diesem Abend. Sonst hätte er doch etwas gesagt. Auf dem Boden lag die kleine Bronzefigur, sie mussten sie verloren haben. Alina trat mit dem Fuß dagegen, sodass sie in ein Wurzelloch neben dem Baum rollte.
Sollte Grit den kleinen Affen doch endlos suchen, dachte Alina, und schob mit dem Fuß noch etwas Erde in das Loch, bis die Figur nicht mehr zu sehen war.

* * *

Als Tom aufwachte, war es fast Mittag. Er versuchte, sich zu erinnern, was er geträumt hatte. Aber die Bilder in seinem Kopf waren kein Traum, sie waren Realität. Er sah sich wieder mit Luke und Flo durch den Fluss waten, er sah sich vor dem Sofa liegen und lachen. Er schloss die Augen. Dann quälte er sich aus dem Bett, lief zum Stuhl, über dem seine Kleidung hing, und befühlte die Hosenbeine – sie waren nass. Mist, dachte er, als immer mehr Bilder in seinem Gedächtnis auftauchten. Er öffnete langsam die Tür und horchte, ob Flo schon wach war. Aber dessen Zimmertür war noch geschlossen. Alles war still. Ob seine Eltern schon geschlafen hatten, als sie nach Hause gekommen waren? Hoffentlich hatten sie nichts bemerkt. Mit einer nassen Hose und völlig neben der Spur – das hätten sie nicht durchgehen lassen.

„Hallo", rief er vorsichtig nach unten.

„Auch schon wach?", rief seine Mutter zurück. In ihrer Stimme konnte er keinen Hinweis erkennen, dass sie etwas wusste. Tom versuchte, sich zu beruhigen. Es war doch nichts passiert, oder? Sie hatten sich ein bisschen danebenbenommen, aber da Grits Eltern nicht zu Hause gewesen waren, gab es keine Zeugen. Alles ist gut, dachte er.

„Ich komme gleich nach unten", rief er extra freundlich und verschwand im Bad, um die Spuren der letzten Nacht aus seinem Gesicht zu waschen. Nein, sagte er sich vor dem Spiegel, so schlimm war das alles nicht. Er duschte und hatte trotz der

Müdigkeit, die noch in seinem Kopf hockte, das Gefühl, dass er in ein oder zwei Stunden wieder völlig hergestellt sein würde.

Das Handy ließ er in seinem Zimmer, als er nach unten ging, seine Mutter würde sich sonst bloß wieder aufregen. Er frühstückte, während sie bereits das Mittagessen vorbereitete.

„Wie war es denn gestern?“, fragte sie.

„Ganz nett. Grit ist in Ordnung. Und das Haus ist sehr schön. Die haben ziemlich viel teuren Kram. Bilder und so.“

Dann schwieg er und kaute an seinem Marmeladenbrötchen, weil ihn seine letzten Worte an etwas erinnerten. Unruhig überlegte er, was das gewesen sein könnte, aber es fiel ihm nicht mehr ein.

„Ich muss noch was für die Schule tun“, verabschiedete er sich, als er fertig gegessen hatte, und kehrte in sein Zimmer zurück. Er nahm sein Handy und wischte sich durch die Nachrichten. Da sah er die Bilder der letzten Nacht. Schnell scrollte er weiter, weil er nicht sehen wollte, was er getan hatte. Alina hatte sie ins Netz gestellt. Egal, dachte er, dann sollten sie eben darüber lachen. Andere machten sich auch lächerlich. Alina genauso. Er wischte zurück und betrachtete

die Bilder, die sie ihm am Abend geschickt hatte. Äußerst leicht bekleidet stand sie ihm Türrahmen und blickte ihn verführerisch an. Er hatte die Bilder gar nicht zeigen wollen, aber als er seine Nachrichten lesen wollte, hatte Luke sie auf dem Display gesehen. Er konnte ja nicht ahnen, was sie ihm für Bilder schickte! Tom überlegte. Dass sich Luke darüber lustig gemacht hatte, dafür konnte er ja nichts. Und auch nicht dafür, dass Lukes Lachen ihn angesteckt hatte. Hoffentlich hatte Alina nichts gemerkt. Er tippte #Total süß! in sein Handy, aber etwas hielt ihn davon ab, die Nachricht abzuschicken. Alina hatte die peinlichen Fotos von Luke und ihm gepostet, da hatte sie keinen netten Kommentar verdient.
Er seufzte, weil sie ja wirklich nett war. Er hängte gerade seine Hose so über den Stuhl, dass die Beine besser trocknen konnten, als sein Handy blinkte. Es war eine Nachricht von Luke: #Weißt du, wo der Affe ist?
Welcher Affe, dachte Tom, und dann wurde ihm ganz heiß. Ihm war wieder eingefallen, was gestern passiert war.
Trotzdem schrieb er zurück: #Welcher Affe?

#Der goldene Affe halt, kam es Sekunden später zurück.

#Keine Ahnung, schrieb Tom, aber er wusste, dass sie die kleine Bronzefigur in den Garten mitgenommen hatten. Und als sie nach Hause gehen wollten – durch den Fluss, weil sie das lustig fanden –, da hatten sie ihn wahrscheinlich noch dabeigehabt.

#Wie kommst du auf das Teil?

#Grit hat gefragt.

Sie hatten die Schuhe ausgezogen und in die Hand genommen, um durch das Wasser zu waten. Flo hatte noch gefragt, wo der Affe sei, aber Luke hatte gegrölt: „Vergiss den verdammten Affen!“ Sie mussten ihn irgendwo verloren haben.

#Keine Ahnung, wo der blöde Affe ist, schrieb Tom, und das stimmte ja auch.

#Sie haben alles abgesucht, ich kann mich nicht erinnern, dass wir den mitgenommen haben, schrieb Luke.

#Ich auch nicht.

#Okay. Ich schreib ihr, dass wir nix wissen.

Gut, dachte Tom und ging rüber zu Flo, der in seinem Zimmer am Schreibtisch saß und irgendwas schrieb. Als Tom näher kam, legte er schnell einen Arm darüber, drehte den Kopf zur Seite und schaute Tom von unten an.

„Weißt du, wo der Affe hin ist?“, fragte Tom.

„Den hat Luke doch gehabt“, sagte Flo, „warum fragst du?“

„Der Affe ist weg und sie suchen danach. Luke hat keine Ahnung, wo er sein könnte.“

Flo kaute auf seinem Stift.

„Wir hatten den auch nur ganz kurz“, sagte Flo.

„Auch noch im Fluss?“, fragte Tom.

Flo zuckte mit den Achseln.

Zurück in seinem Zimmer, überlegte Tom, was er tun sollte. Da fiel ihm ein, dass er noch sein Sportzeug waschen musste. Er suchte den Beutel und warf die Sachen auf den Boden. Dieser blöde Affe, ging ihm immer wieder durch den Kopf. Sein Blick fiel auf die Schultasche. Nächste Woche war der Mathetest. Er sollte langsam mit dem Lernen anfangen. Aber als er sich an den Schreibtisch setzte, merkte er, dass er sich nicht konzentrieren konnte. Er sah wieder die Bilder von Alina vor sich. Vielleicht hätte er sie Luke nicht zeigen sollen. Auch die peinlichen Bilder von der Party schoben sich wieder in seinen Kopf. Blöde Fotografiererei, dachte er und wollte die Bilder noch mal anschauen. Aber sein Handy war nicht da. Tom stutze, er hatte es doch gerade noch gehabt. Als ob er Gedanken lesen könnte, stand Flo plötzlich in der Tür. „Dein Handy“, sagte er und warf es auf Toms Bett.

„Danke“, sagte Tom, wartete, bis Flo die Tür geschlossen hatte, und wischte sich dann durch die Fotos. Wenn Luke und Flo der Meinung waren, dass sie den Affen nicht zum Fluss mitgenommen hatten, dann stimmte das. Und wenn nicht, konnte es ihnen ja niemand beweisen. Auf den Bildern waren sie im Wohnzimmer zu sehen, dann auf der Terrasse, immer ohne die Bronzefigur. Schließlich hatte Alina sie noch fotografiert, als sie durch den Garten zum Fluss liefen, Arm in Arm, Luke in der Mitte. Er vergrößerte das Bild, dann sah er es. Aus der Kapuze von Lukes Sweatshirt leuchtete es hell. Das musste die Figur sein.

2 Bilder, die niemand sehen soll

In der Pause standen sie an der Mauer vom Schulhof und blickten zur Tür der Eingangshalle, aber in dem Gewimmel der anderen Schüler konnten sie Alina nirgends entdecken.

„Ist auch egal“, sagte Luke, „die Bilder sind online, und selbst wenn Alina sie löscht, sie sind trotzdem noch da. Wer weiß, wer sie schon alles gesehen und runtergeladen hat.“

Tom stand neben ihm und starrte in die Ferne. Wenn jemand die Bilder sah und genau hinschaute, dann war es nur eine Frage der Zeit, bis sie aufflogen.

„Warum ist dieser Affe überhaupt so wichtig“, schimpfte Luke, „wir legen einfach zusammen und kaufen einen neuen.“

„Keine Ahnung“, sagte Tom. Grit hatte ihm auch noch eine Nachricht geschickt. Ihr Vater sei furchtbar wütend, weil der Affe weg wäre.

„Vielleicht weiß es Flo“, sagte Tom.

„Das hätte er doch gesagt. Er erzählt mir sonst auch alles“, sagte Luke.

Stimmt, dachte Tom bitter, Flo erzählte alle Neuigkeiten immer zuerst Luke.

„Wir könnten ihn suchen“, sagte Tom, aber Luke antwortete nicht und Tom wusste ja, dass sie die Figur überall verloren haben konnten. Auf dem Weg, am Ufer, im Fluss.

„Ich rede mit Grit“, sagte Tom schließlich, obwohl er überhaupt keine Lust dazu hatte.

„Okay. Wir sehen uns dann nachher beim Training“, sagte Luke und verschwand.

Tom trottete zu den Klassenzimmern und hielt weiter Ausschau nach Alina. Er hatte immer noch nicht auf ihre Fotos geantwortet und er wusste nicht, ob er deswegen ein schlechtes Gewissen haben sollte. Deswegen und weil er Luke die Fotos gezeigt hatte. Er hatte es nicht absichtlich gemacht, es hatte sich irgendwie so ergeben.

In dem Moment, als er die Bilder angesehen hatte, hatte sich Luke zu ihm herübergebeugt. Wahrscheinlich hatte er auf dem Display nackte Haut von einem Mädchen gesehen und war dann natürlich neugierig geworden. Tom seufzte. Aber Alina hatte ja auch keine Rücksicht auf sie genommen. Endlich kam sie ihm entgegen, starrte grimmig vor sich hin. Tom versuchte zu lächeln, aber Alina blickte an ihm vorbei, als hätte sie ihn nicht gesehen.

Als er neben ihr stand, drehte sie ihren Kopf weg. Ein seltsames Verhalten für ein Mädchen, das in einen verliebt war, dachte Tom.

„Hör mal“, sagte er, „die Bilder von der Party …“, wurde aber sofort von Alina unterbrochen:

„Sag mal, bist du bescheuert? Meine Bilder, die ich dir privat geschickt habe, zu posten? Und dann auch noch mit einem anonymen Account? Du bist wirklich das Allerletzte!“

„Deine Bilder?“, fragte Tom, der nicht verstand, was sie wollte. „Du hast doch die ganzen Partyfotos hochgeladen!“

„Warum machst du so was?“

„Ich habe gar nichts gemacht, ich will nur, dass die Bilder von Luke und mir verschwinden“, sagte er, aber Alina winkte ab und lief den Gang entlang zurück Richtung Eingangshalle.

* * *

Alina lief durch die Eingangshalle in den nächsten Gang, wo es etwas ruhiger war. Sie lehnte sich an die Mauer. Es konnte nur er gewesen sein, auch wenn er so tat, als hätte er keine Ahnung. Sie war sich sicher: Tom hatte ihre Fotos gepostet, um sich für die peinlichen Partybilder zu rächen. Und dann auch noch anonym, sodass man denken könnte, sie wäre es selbst gewesen! Sie hätte heulen können. Die ganzen miesen Kommentare, die sie seit heute Morgen bekommen hatte. Als ob sie das letzte Flittchen wäre. Wieder spürte sie hilflose Wut in sich hochsteigen, hätte am liebsten das Display gegen die Wand geschlagen.

Der Pausengong läutete. Langsam ging Alina durch den Gang zurück, während die Gedanken durch ihren Kopf rasten. Sie hätte nie gedacht, dass Tom sie so anlügen würde. Sie hatte die Fotos nur gepostet, weil sie wütend war. Auf Tom, der nicht reagiert hatte, noch nicht mal mit einem Smiley. Wütend, dass ihr Plan schiefgegangen war. Wütend auf Luke und Flo, die wie die Kletten an Tom gehangen hatten. Wütend auf Grit und Hannah. Sie bog nach rechts ab, musste zum Physiksaal. Unterricht mit Grit und Hannah. Auf die hatte sie jetzt überhaupt keine Lust. Sie stieg die Stufen nach oben zu ihrer Bankreihe und setzte sich auf ihren Platz.

Grit saß eine Reihe vor ihr, daneben Hannah. Alina saß neuerdings allein, denn Hannah hatte sich vor einer Woche neben Grit gesetzt mit der Begründung, dass sie ihr helfen müsse.

Ihr Lehrer kam und sie holten ihre Mappen und Schreibblöcke heraus. Grit zog mit ihrem Block auch ihr Tablet heraus, hielt es unter dem Tisch und Alina sah, dass sie und Hannah heimlich ihre Bilder anschauten.

„Was soll das", zischte Alina, aber die beiden reagierten nicht. Sie sah, wie sie die Kommentare nach unten scrollten und sich dabei gegenseitig etwas ins Ohr flüsterten. Alina schloss kurz ihre Augen und hätte sich am liebsten an einen anderen Ort gebeamt.

Bevor sie heute zum Frühstück nach unten gegangen war, hatte sie die Bilder im Netz gesehen. Ganz kalt war ihr geworden. Sie konnte es nicht glauben. Sie hatte auf die Bilder gestarrt und dann gesehen, wie die ersten Kommentare aufblinkten. Erst waren es noch freundliche, aber dann begann jemand, den sie nicht kannte, nach ihrer Adresse zu fragen. Und dann wurden die Kommentare immer schlimmer:

#Hottie gib mehr

#Supermutig bei dem Aussehen

#Was will die Bitch

#Vergiss nicht, dir was anzuziehen, wenn du das Haus verlässt

Alina hatte wie erstarrt auf dem Display verfolgt, wie sie niedergemacht wurde. Von ihren eigenen Klassenkameraden, aber auch von Leuten, die sie überhaupt nicht kannte. So schlimm waren die Fotos doch gar nicht, dachte sie mit zunehmender Verzweiflung. So was machte doch jeder. Noch nie hatte sie sich so hilflos gefühlt.
Dieses Gefühl stieg jetzt wieder in ihr hoch, als sie Grit und Hannah dabei zusehen musste, wie sie auf die Bilder glotzten und kicherten.
„Hört auf!“, zischte Alina noch einmal.
Aber es half nichts. Sie machten weiter. Nur einmal drehte sich Hannah kurz zu ihr um. In ihrem Blick erkannte Alina so etwas wie Überraschung und Spott. Als wäre sie nie ihre Freundin gewesen. Alina schloss die Augen, um das Gefühl wegzudrängen und sich auf den Unterricht zu konzentrieren, aber es gelang ihr nicht. Sie musste noch mal mit Tom reden, unbedingt. Endlich war die Stunde zu Ende. Alina stand auf und ging, ohne Grit und Hannah eines Blickes zu würdigen. Wenn sie sich beeilte, konnte sie Tom allein sprechen, weil er früher Schulschluss hatte. Auf dem Weg in den Aufenthaltsraum überlegte sie, wie sie das Gespräch beginnen und was sie ihm

sagen sollte. Natürlich würde sie die Partyfotos löschen, keine Frage. Aber sollte sie ihm noch sagen, dass sie in ihn verliebt war, dass sie ihm deswegen die Fotos geschickt hatte?

Sie musste sich beeilen, damit sie ihn noch erwischte. Zu spät zur nächsten Stunde zu kommen, nahm sie dafür in Kauf. Sie öffnete die Tür des Aufenthaltsraums. Tom saß allein an einem Tisch. Alina blieb kurz in der Tür stehen, dann holte sie einen Stuhl und setzte sich neben ihn.

„Hi“, sagte sie, „ich muss mit dir reden.“

„Okay“, sagte Tom, „aber ich bin immer noch sauer.“

„Ich lösch die Fotos gleich, wenn ich zu Hause bin.“

„Es ist zu spät. Alle haben sie gesehen. Das hast du echt toll hingekriegt.“

„Und wer hat die Fotos von mir hochgeladen?“

„Das war ich nicht. Ich kenn den Account nicht. Keine Ahnung, wer das gemacht hat.“

„Aber sie waren auf deinem Handy.“

„Vielleicht hast du sie noch jemand anderem geschickt“, sagte Tom unwillig.

„Bestimmt nicht“, sagte Alina.

„Und warum hast du sie mir geschickt? Ich meine …“

Alina schaute ihn an: „Weil … Ach, ist doch egal. Ich hab jetzt den Ärger."

„Und ich kann nichts dafür", sagte Tom und drehte sich zur Tür. Da standen Luke und Flo.

„Alles okay?", fragte Luke.

„Alles okay", sagte Alina und versuchte, einen Blick äußerster Verachtung hinzubekommen. Dann stand sie auf. Im Gehen drehte sie sich noch einmal um. Tom hatte ihr nachgeschaut, kurz begegneten sich ihre Blicke, dann starrte er auf sein Handy. Sie sah, wie er jetzt zwischen Luke und Flo saß, und dachte, dass es der größte Fehler ihres bisherigen Lebens gewesen war, ihm die Bilder zu schicken.

* * *

Im Bus hatte sich Flo nicht zu Tom gesetzt, der nachdenklich in der letzten Reihe vor sich hinstarrte. Er blieb vorne, hatte hinter dem Fahrer eine ganze Sitzreihe für sich und setzte sich ans Fenster. Obwohl der Bus an der Realschule voll wurde, blieb der Platz neben ihm leer. Flo öffnete seine Schultasche, tastete mit einer Hand in das Fach mit den Heften. Der Brief war noch da. Er hatte so lange an ihm geschrieben und er war fast fertig. Morgen konnte er ihn übergeben. Bei diesem Gedanken schlug sein Herz schneller. Nein, er musste ihn nicht übergeben. Er konnte es nächste oder übernächste Woche tun, warten, bis sich eine passende Gelegenheit fand. Er sah nach draußen und beruhigte sich langsam. Er liebte es, aus dem Fenster zu schauen, die Landschaft an sich vorbeiziehen zu lassen, wenn sie am Fluss entlangfuhren. Da tauchten die Erinnerungen an die Party wieder auf. Er sah, wie sie nach Hause gingen: Luke in der Mitte, Tom und Flo zu beiden Seiten von ihm. Luke hatte seinen Arm über Flos Schulter gelegt, um sich abzustützen. Dann waren sie an der Abzweigung zur Siedlung angekommen. Luke lief nach rechts, Tom und Flo hatten noch einige Hundert Meter, die sie schweigend zurücklegten. Da hatte natürlich keiner mehr an den Affen gedacht.

Als der Bus an Grits Haus vorbeikam, versuchten Flos Augen, das Gebüsch am Flussufer zu durchdringen, obwohl er wusste, dass er den Affen nicht sehen würde. Aber irgendwo dort musste er liegen. Flo dachte wieder an Grit, wie sie ihn in der Schule gefragt hatte: „Du weißt es wirklich nicht?“

Wir haben den Affen nicht gehabt, nur mal kurz im Haus, hatte er gesagt, obwohl es ihm leidgetan hatte, Grit anzulügen. Er mochte Grit.
„Hey", hatte sie bei ihrer ersten Begegnung gesagt, „du bist Toms Bruder, oder? Ich bin Grit, schön dich kennenzulernen." Wäre eine gute Freundin für Tom, dachte Flo jetzt. Selbst wenn sie nur nett zu ihm war, weil er der kleine Bruder war. Sie stand auf Tom, hatte nur Augen für ihn, dachte Flo. Sie war auch nichts für Luke. Die ganzen Mädchen, die an ihm dran waren, verachtete er. Luke brauchte was Besonderes.
Der Bus bog vom Fluss in die Siedlung ein. Was konnte an so einem Bronzeaffen besonders sein?, überlegte Flo. Wahrscheinlich war die ganze Aufregung in einer Woche wieder vorbei. Wenn nur nicht das Foto von Alina wäre. Der Affe war zwar kaum zu erkennen, aber wenn man das Bild vergrößerte, dann sah man ihn. Sie hatten nur eine einzige Chance, um aus der Sache herauszukommen: Sie mussten den Garten durchsuchen und die Figur finden, bevor es jemand anders tat.

* * *

Als Alina ihre Hausaufgaben gemacht hatte, setzte sie sich auf die Terrasse. Ihre Mutter fragte, was los sei, aber Alina zuckte nur mit den Achseln. Sie wartete, bis sie allein war, holte dann das Handy aus der Hosentasche und sah sich den anonymen Account an, auf dem ihre Bilder gepostet waren. Wenn ihr Vater zu Hause gewesen wäre, hätte sie sich das nicht getraut. Zu gefährlich, dass er ihr das Handy abnahm und die Bilder sah. Sie klickte auf die Fotos, dann auf den Account, der nur eine willkürliche Buchstabenfolge als Name hatte. Auf einmal war sie sich sicher, dass Tom nicht dahintersteckte. Tom war nicht hinterhältig. Sie schob das Handy wieder in die Hosentasche. Es konnte Luke gewesen sein, ihm traute sie das zu. Aber wie hätte er an die Bilder kommen sollen?

Da kam eine Nachricht. Alina schaute auf das Display. Hannah. Was wollte die denn jetzt? Alina überlegte, ob sie die Nachricht überhaupt öffnen sollte. Am Anfang hatte sie noch gedacht, dass sie zu dritt Freunde werden könnten. Aber dann hatte Grit gemerkt, dass Alina in Tom verliebt war, und alles war anders. Alina öffnete die Nachricht.

#Hast du Zeit?

Hannah fragte nicht, ob sie Lust hatte, sie zu sehen. Es klang wie ein Befehl. Aber vielleicht war etwas Neues passiert.

#Klar, antwortete Alina.

#Im Eiscafé, jetzt gleich?, fragte Hannah.

#Warum nicht, schrieb Alina zurück und hielt ihr Gesicht in die Sonne. Eigentlich sollte sie Hannah warten lassen.

Auf dem Weg zum Eiscafé kam ihr Flo in den Sinn. Vielleicht hatte er etwas mit den Fotos zu tun? Er lief Tom und Luke ständig hinterher und war auch auf der Party gewesen. Vielleicht wollte er sich bei ihnen wichtigmachen?

Einige Meter von der Eisdiele entfernt stieg sie vom Fahrrad ab und schob es langsam neben sich her. Inzwischen hatte bestimmt jeder die Fotos gesehen. Eigentlich war es sinnlos, sie wieder zu löschen. Nur ihre Familie durfte sie nicht sehen, vor allem nicht ihr Vater. Tränen der Wut stiegen in ihr hoch, dass jemand die Fotos hochgeladen hatte. Tom, Luke, Flo – wer auch immer es gewesen war. In einem Schaufenster betrachtete sie ihr Gesicht. Das hatte noch gefehlt, dass Hannah merkte, dass sie geweint hatte! Sie tupfte sich die Augen trocken und ging langsam weiter.

„Hallo“, sagte Alina und setzte sich zu Hannah. Ganz entspannt saß sie auf dem Plastikstuhl der Eisdiele, rührte in einer Latte macchiato.

„Seit wann trinkst du so was?“, fragte Alina.

Hannah zuckte mit den Schultern.

„Ich verstehe nicht, warum du so was machst“, sagte sie, „alle lachen über dich und deine komischen Fotos.“

„Ich war das nicht“, sagte Alina, „ich habe nichts ins Internet gestellt.“

„Ist doch egal, wer es gewesen ist. Du hast diese Selfies gemacht, und sie sind nicht nur grottenschlecht, sondern auch peinlich. Ich dachte, ich bin deine Freundin. Aber es ist peinlich, deine Freundin zu sein.“

„Das meinst du nicht ernst“, sagte Alina und musste wieder mit den Tränen kämpfen. Nein, dachte sie, den Triumph, mich weinen zu sehen, werde ich ihr nicht gönnen.

Sie schluckte zweimal, dann sagte sie mit ruhiger Stimme: „Ich habe die Fotos Tom geschickt. Niemand anderem. Und niemand außer ihm hat das Recht, sie anzuschauen.“

Hannah zuckte wieder mit den Achseln.

„Tom findet die Fotos auch peinlich. Außerdem will er nichts von dir. Das merkt doch jeder."

„Was zwischen Tom und mir ist, geht dich überhaupt nichts an", sagte Alina wütend.

„Vielleicht", sagte Hannah, „aber Grit ist ziemlich eifersüchtig. Vor allem, wenn jemand mit Nacktfotos ihren Freund anmacht. Sie fand es schon seltsam, dass du zur Party gekommen bist."

Alina hatte keine Lust zu antworten, schaute Hannah nicht an.

„Ich soll dir sagen, dass es Ärger gibt, wenn du dich weiter in ihre Beziehung einmischst. Dein Vater findet es bestimmt nicht gut, Nacktfotos von seiner Tochter im Internet zu finden."

„Es sind keine Nacktfotos", zischte Alina.

Sie stand auf. Das war nicht die Hannah, mit der sie befreundet gewesen war. Sie ging, ohne ein weiteres Wort zu sagen, aus dem Café. Wie kam Hannah darauf, so zu tun, als sei Grit bereits mit Tom zusammen? Vielleicht frage ich Tom einfach, was er davon hält, dachte sie kurz, merkte aber, dass sie keine Lust dazu hatte. Sie wollte nur noch allein sein.

Langsam schob sie ihr Rad die Straße entlang und überlegte, ob es stimmte, was Hannah erzählt hatte. Aber ob Tom die Fotos nun peinlich waren oder alles nur ein Trick von Grit war, es war egal. Sie war allein, ohne Freunde. Sie konnte nichts mehr tun. Außer vielleicht Flo ausquetschen, ob der etwas wusste.

Am nächsten Tag wartete Alina vor der Schule auf ihn. Ganz nah an der Tür stand sie an der Mauer, beobachtete Hannah und Grit, die weiter vorne anscheinend auf Tom warteten. Sie hatte schon Angst, Flo verpasst zu haben. Dann sah sie ihn und Tom endlich aus dem Bus steigen und Richtung Schule gehen. Tom ging hinüber zu Hannah und Grit, und Alina spürte einen kleinen Stich. Sie drückte sich von der Mauer ab und folgte Flo, der langsam und umständlich die schwere Schultür aufzog.

Sie ließ einige Meter Abstand und folgte ihm, konnte sich aber nicht dazu durchringen, ihn zur Rede zu stellen. Schließlich verschwand er in dem Gang, in dem sein Klassenzimmer lag. Alina presste die Lippen zusammen und drehte um.

In der Pause startete sie einen zweiten Versuch und wartete am Rand der Eingangshalle auf einer der Bänke auf ihn. Als Flo neben ihr auftauchte, achtete er nicht auf sie und suchte in der Menge nach jemandem, fand die Person aber nicht. Schon hatte sie Angst, dass er wieder weggehen würde, aber dann stellte er die Schultasche auf die Bank neben Alina, setzte sich mit dem Rücken zu ihr und zog ein Heft aus der Tasche. Dann kamen auf einmal Luke und Tom von der anderen Seite. Alina erschrak und drehte sich zum Fenster, um nicht erkannt zu werden. Im Fenster sah sie gespiegelt Flo, wie er aufstand, weil er die beiden auch gesehen hatte. Er legte das Heft hinter sich und lief ihnen entgegen. Alina spürte ihr Herz schneller schlagen, sie stand auf und ging zu Flos Bank, auf der noch sein Heft lag. Kurz schaute sie sich um, aber die drei waren nicht mehr zu sehen. Flo hatte das Heft einfach vergessen. Sie bückte sich und griff danach, und während sie weiterging, rollte sie es zusammen und steckte es innen in ihre Jacke.

3 Ein Brief mit einem Geheimnis

Am Nachmittag löschte sie alle Fotos von der Party von ihrem Account. Man sollte ihr nichts nachsagen können. Dann setzte sie sich an ihren Schreibtisch und schaute sich Flos Heft an. Physik. Als sie es durchblätterte, flatterte ein Blatt Papier auf den Boden. Es war ein handgeschriebener Brief. An Luke. Vielleicht stand in ihm etwas über die Fotos. Sie zog die Augenbrauen hoch, als sie die Anrede las.

Mein lieber Luke, stand in der oberen Zeile in roten runden Buchstaben. Alina stutzte. Trug Flo etwa auch noch die Briefe von Lukes Verehrerinnen mit sich herum? Sie blätterte das Physikheft auf und verglich die Schrift. Nein, der Brief war von Flo. Sie las weiter und konnte nicht glauben, was dort stand. Dass Flo in Luke verliebt sei und ihm endlich sagen müsse, was er für ihn empfinde. Dass er deswegen versuche, so oft wie möglich in seiner Nähe zu sein. Dass er sich bei Luke aufgehoben fühle.

Alina ließ den Brief sinken. Armer Flo, dachte sie, beim Frauenheld Luke wird er leider keine Chance haben.

Es blieb die Frage, was sie mit dem Brief tun sollte. Wenn Flo die Fotos von ihr hochgeladen hatte, um sich bei Luke einzuschmeicheln, konnte sie verlangen, dass er sie löschte. Dafür würden sie niemandem etwas von dem Brief erzählen.
Am nächsten Tag in der Pause beobachtete sie, wie Luke Flo einen Geldschein in die Hand drückte. Flo verschwand im Gewühl der Schüler in Richtung Kiosk. Zwei Mädchen aus der Parallelklasse stellten sich zu Luke, aber er hatte wohl kein Interesse, mit ihnen zu reden, denn sie verschwanden kurz darauf. Dann kam Flo zurück, mit einem Stück Kuchen. Er gab Luke den Kuchen und das Wechselgeld. Luke nickte und Flo lächelte ihn an. Alina atmete tief ein. Luke nutzte Flo bloß aus, und der merkte es nicht. Sie hatte sich immer gewundert, dass Luke Flo bei sich duldete. Tom war Sportler wie Luke, die beiden spielten in einer Mannschaft, da war es klar, dass sie sich gut verstanden. Auch wenn sie sonst so verschieden waren, als stammten sie von zwei unterschiedlichen Planeten. Flo war nur mit dabei, weil er alles für Luke machte. Er wirkte heute irgendwie nervös, blickte sich immer wieder um. Inzwischen hatte Flo sicher gemerkt, dass nicht nur sein

Physikheft fehlte, sondern auch der Brief. Aber Luke und Tom schienen heute ebenfalls verändert, redeten kaum miteinander und schauten bedrückt, die Hände in den Hosentaschen vergraben. Irgendetwas war passiert. Und das war auch der Grund, warum Luke die Mädchen gerade hatte abblitzen lassen.

* * *

Tom hatte Grit geschrieben, dass sie im Fahrradkeller auf ihn warten solle. Er müsse sie allein sprechen. Er stellte die Schultasche auf den Boden, um die Fahrradschlüssel herauszuholen. Er sah sich um, aber noch war er allein. Das ist der schlimmste Tag meines Lebens, dachte Tom, hoffentlich kommt sie bald. Er hatte heute früh das Rad genommen, um nicht mit Flo im Bus fahren zu müssen. Flo war seit gestern nicht mehr zu ertragen. Aber wenn man ihn fragte, was er hatte, verzog er nur das Gesicht. Lieber eine halbe Stunde Radfahren, als ihn neben sich zu haben. Dann hatte er die üble Nachricht von Grit bekommen und schließlich das Gespräch mit Luke in der Pause. Es hing jetzt von ihm ab, ob sie aus der Sache mit dem verschwundenen Affen herauskamen oder ob bald die Polizei vor seiner Tür stehen würde. Ein furchtbarer Tag. Als ob sich alles gegen ihn verschworen hätte. Er schloss das Rad auf und dachte an das Gespräch in der Pause zurück. Sie hatten zu dritt zusammengestanden, Luke, Flo und er.

„Die Fotos sind doch gar nicht mehr online“, hatte Flo gesagt.

„Aber jemand kann Screenshots gemacht haben.“ Luke war richtig wütend gewesen. „Außerdem gibt es immer irgendwo Back-ups, wo die Bilder noch liegen. Das Netz vergisst dich nie!“

„Vielleicht blufft sie nur“, hatte Tom versucht, sie zu beruhigen.

Aber warum sollte Grit bluffen, dachte Tom jetzt. Das ergab überhaupt keinen Sinn. Klar war nur, dass Grit auf keinen Fall herausfinden durfte, dass auf Alinas Bildern der Affe in Lukes Kapuze zu sehen war. Und seine Aufgabe war es jetzt, Grit davon zu überzeugen, dass weder Luke noch Flo noch er irgendetwas mit dem verschwundenen Affen zu tun hatten.

Er holte sein Handy aus der Tasche, las noch einmal die Nachricht von Grit.

#Dringend: Wo ist der Affe? Muss es unbedingt wissen. Papa will zur Polizei.

Hätte Tom gewusst, wie wertvoll dieses blöde Ding war, hätte er es nie angefasst!

Als Tom aufsah, stand Grit plötzlich vor ihm.

„Hast du mich erschreckt", sagte er.

„Echt?", fragte sie und legte ihm eine Hand auf die Schulter.

„Sag mal …", begann er.

„Was denn?", fragte sie.

„Deine Nachricht, diese Geschichte mit dem Affen, was ist denn da los?"

„Mein Vater macht Stress", jammerte sie, „ich habe euch ja gesagt, wie teuer der Affe ist."

„Wenn er zur Polizei will …", sagte Tom.

„Er war schon da", gestand Grit und nickte, „und es sieht nicht gut aus. Wo habt ihr ihn hingetan?"

Tom merkte, wie sein Körper erstarrte. Sie würde ihm nicht glauben. Aber er musste es trotzdem versuchen.

„Wir haben ihn nicht", sagte er, um Zeit zu gewinnen. Und das war die Wahrheit, sie hatten ihn mit Sicherheit nicht mehr. Tom überlegte, was besser wäre. Grit die Wahrheit zu sagen und zu hoffen, dass sie ihm glaubte, oder sie anzulügen, obwohl sie überzeugt war, dass sie drei an der Sache schuld waren. Wie einfach wäre die Entscheidung gewesen, wenn es die Bilder nicht gegeben hätte! Aber Alina musste ja unbedingt fotografieren, musste unbedingt die Bilder posten. Wer weiß, wer den Affen noch entdeckt hatte. Und wer weiß, ob die Polizei nicht doch irgendwie an die Bilder herankam, obwohl sie mittlerweile gelöscht waren.

„Ich weiß, dass ihr den Affen gehabt habt", sagte Grit.

„Ja, aber nur ganz kurz", erwiderte Tom, „was sollten wir denn damit? Wir hatten doch keine Ahnung, dass der so wertvoll ist."

„Ich möchte dir ja glauben", sagte Grit und biss sich auf die Unterlippe, „aber mein Vater ist stinksauer. Er hat gesagt, ich darf nicht mehr weg, wenn der Affe nicht wieder auftaucht."

„Ich habe wirklich keine Ahnung, wo der Affe sein könnte. Ehrlich", versicherte Tom.

Grit zuckte mit den Achseln. Dann legte sie plötzlich ihre Arme um Toms Hals und drückte ihn an sich. Er spürte ihre Wärme, wusste aber nicht, ob er das wollte. Es erschien ihm wie ein Verrat, den er an seinen Freunden oder an sich selbst beging.

„Okay. Aber bitte versuch, dich zu erinnern, wo du den Affen zuletzt gesehen hast. Bitte!“ Dann lächelte sie ihn an. „Hast du heute Nachmittag Zeit?“, fragte sie schnell.

„Heute?“, fragte Tom überrascht und überlegte. Eigentlich hatte er keine Zeit. Es war Training. Aber er konnte Grit jetzt nicht vor den Kopf stoßen. Wenn er sie verärgerte, würde sie ihrem Vater vielleicht erzählen, was sie wusste.

„Natürlich habe ich Zeit“, sagte er, „für dich immer.“

„Gut so“, sagte Grit, „ich für dich nämlich auch.“ Sie drückte ihre Wange an seine, dann drehte sie sich um und verschwand.

Puh, dachte Tom, als sie weg war und er sich auf sein Rad schwang. Seltsamerweise kam ihm auf einmal Alina in den Sinn. Alina, die schuld war, dass sie diesen Ärger hatten. Er sah wieder das Foto vor sich, dass sie ihm geschickt hatte. Wie kam sie nur darauf, dass er es anonym hochladen und sie zum Gespött der Schule machen würde? So jemand war er nicht! Er mochte sie doch. Er überlegte, was er jetzt noch machen konnte, aber ihm fiel nichts ein.

* * *

Vor der Schule stand Hannah und wartete auf Grit.
„Endlich“, sagte Hannah, „wie war es?“
„Wir treffen uns heute“, antwortete Grit, „Eis essen, oder vielleicht gehen wir zu mir. Ich hab dir doch gesagt, dass es klappt!“
„Gratuliere“, sagte Hannah, „und wie machst du das mit deinem Vater?“
Grit zuckte mit den Achseln. „Mal sehen. Aber nachmittags ist er sowieso nicht da.“
„Hast du ihm gesagt, dass die Jungs den Affen mitgenommen haben?“
„Nö“, sagte sie, „ich werde doch meinen zukünftigen Freund nicht verraten. Zumindest, solange er nett zu mir ist.“
„Das meinst du nicht ernst“, sagte Hannah.
Grit grinste. „Mal sehen.“

* * *

Alina hatte an diesem Nachmittag keine Lust zu lernen. Sie hatte auf überhaupt nichts Lust. Unruhig lief sie durch ihr Zimmer. Wieder hatte sie die Kommentare zu ihren Bildern gelesen, als könnte das Lesen sie wegzaubern. Dann klickte sie sich durch die Bilder und neuen Videos ihrer wenigen verbliebenen Freunde und Follower. Sie legte das Handy zur Seite und fragte sich, wozu sie überhaupt noch jemandem schreiben sollte. Sie hatte das Gefühl, nicht mehr dazuzugehören. Sie schaute aus dem Fenster, legte sich auf ihr Bett, starrte an die Decke. Wenn sie ihren Account löschte, brachte das ihre Bilder auch nicht zum Verschwinden, nur sie selbst war dann nicht mehr da. Sie fühlte sich, als sei ihr Zimmer eine Insel, die auf einem Meer trieb, und nirgendwo war ein Ufer zu sehen. Sie lief hinunter in die Küche, machte sich ein Brot und ging auf die Terrasse, wo ihr Vater saß.

„Was ist denn los?“, hörte sie ihn fragen, antwortete aber nicht. Erst als er die Frage langsam und ernst wiederholte, sagte sie: „Mir ist nur schlecht.“

Sie sah ihn aus den Augenwinkeln nicken.

„Zu viel Handy, zu wenig Bewegung.“

„Ich hab doch mein Handy gar nicht da“, sagte sie.

„Komm mal her“, sagte er, und als sie widerwillig näher an ihn herantrat, betrachtete er sie mit prüfendem Blick und hochgezogenen Augenbrauen.

„Hast du dich mit Hannah gestritten?“, fragte er.

Sie zuckte mit den Schultern.
„Wenn du Sorgen hast, bring es in Ordnung, bevor es dich auffrisst“, sagte er.
„Es ist alles okay“, sagte sie und wich seinem Blick aus. Aber er hatte recht. Sie musste das jetzt in Ordnung bringen. Sie musste mit Tom reden. Und mit Flo. Ihre Bilder mussten endlich aus dem Netz verschwinden. Und sie musste Tom fragen, warum er ihre Bilder nicht kommentiert und sie einfach ignoriert hatte.
Entschlossen holte sie ihr Fahrrad aus der Garage und fuhr Richtung Sportplatz, wo Tom Training hatte. Sie hielt am Rand des Spielfeldes, blickte auf den Rasen, wo die Jungs gerade um eine Reihe Fahnen dribbelten. Aber Tom war nicht zu sehen. Das war seltsam. Sie kannte niemanden, dem sein Training so wichtig war wie Tom. Langsam ging sie am Zaun entlang Richtung Vereinsheim. Dort sah sie Flo auf der Eingangstreppe sitzen. Er hatte sie noch nicht gesehen, schaute nur auf das Spielfeld. Alina blieb stehen und versuchte zu erkennen, wen er dort beobachtete. Vielleicht sollte sie ihn einfach ansprechen, ihn auffordern, die Fotos zu löschen. Vielleicht gab er dann alles zu. Vielleicht lief er auch einfach weg.

Sie ließ den Blick wieder über das Spielfeld schweifen, um Tom vielleicht doch noch zu entdecken. Da sah sie, dass Flo aufgestanden war und auf sie zukam.

„Weißt du, wo Tom ist?“, fragte er und blieb vor ihr stehen.

Sie schaute in sein schmales Gesicht und schüttelte den Kopf. „Keine Ahnung. Er ist doch dein Bruder“, sagte sie dann lauernd.

„Hätte ja sein können“, sagte er, „er ist nicht beim Training.“

„Hm“, sagte Alina, „hat er was anderes vor?“

„Er hat nichts gesagt“, antwortete Flo.

Alina nickte, dann setzten sie sich beide auf die Treppe. Für jemanden mit einem schlechten Gewissen ist er erstaunlich nett, dachte sie.

Das Training dauerte bestimmt schon eine halbe Stunde und von Tom war immer noch nichts zu sehen. Aber es war angenehm, neben Flo zu sitzen, der nichts sagte, nichts von ihr wollte. Und vielleicht verriet er sich doch noch. Sie musste einfach abwarten. „Machst du dir um Tom Sorgen?“, fragte Alina.

Flo zuckte mit den Schultern. „Ihm wird schon nichts passiert sein.“

Dann schwiegen sie wieder, während der Pfiff des Trainers zu hören war und dann der dumpfe Abschlag des Torwarts, der den Ball wieder ins Spiel zurückgab.

„Deine Fotos fand ich sehr schön“, sagte Flo auf einmal.

„Meine Fotos?“, fragte Alina überrascht.

„Die, die du Tom geschickt hast“, sagte Flo, ohne Alina anzuschauen.

„Hast du sie deswegen gepostet? Weil sie dir so gut gefallen haben?“ Jetzt hatte sie ihn. Jetzt würde er gleich alles zugeben.

„Ich hab sie nicht gepostet“, wehrte sich Flo. „Tom hat sie auf der Party rumgezeigt, aber er hat es nicht böse gemeint.“

„Und wer hat sie dann gepostet?“, fragte Alina.

„Keine Ahnung“, entgegnete Flo, aber während er das sagte, schaute er unsicher zur Seite.

„Es ist nicht fair, ohne Erlaubnis die Fotos von anderen zu posten“, sagte sie. Flo sah sie an und wollte etwas erwidern, aber sie unterbrach ihn sofort.

„Ist schon gut“, sagte sie, „ich möchte nur wissen, wer das war.“

Flo nickte. „Kann ich verstehen“, sagte er leise.

„Du weißt es also nicht?“
Flo zuckte mit den Schultern und stand auf.
„Ich geh dann jetzt“, sagte er, ging zu seinem Rad, stieg ohne ein weiteres Wort auf und fuhr los.
Alina blieb sitzen und starrte ihm nach. Was auch immer geschehen war, sie war sich jetzt sicher, dass Flo etwas mit der Sache zu tun hatte.

4 Zwei Geständnisse

Ein Physikheft klaut doch keiner, dachte Flo, als er am nächsten Morgen ein weiteres Mal erfolglos seinen Schulranzen durchsuchte. Auch zwischen dem Papierkram auf seinem Schreibtisch hatte sich kein Physikheft versteckt. Gestern hatte er schon jedes einzelne Buch und Heft herausgenommen und durchgeblättert, aber er hatte es nicht gefunden. Er blickte auf die Uhr. Es half nichts, er musste jetzt los. Er nahm seinen Rucksack und machte sich auf den Weg zur Bushaltestelle. Flo wünschte sich nichts mehr, als dass jemand das Heft mit dem Brief weggeworfen hatte, damit es nicht in falsche Hände geraten konnte. Das Heft war ziemlich sicher in der Schule verlorengegangen, wahrscheinlich hatte es ein Schüler gefunden und im Sekretariat abgegeben. Aber wenn er jetzt dorthin ging, würde man ihn sicher seltsam anschauen, weil sie den Brief gelesen hatten. Vielleicht berieten die Lehrer längst, ob sie eine Mitteilung an seine Eltern machen sollten … Diese Vorstellung schmerzte ihn so sehr, dass er Herzklopfen bekam und es ihm die Kehle zuschnürte.

Tom wartete schon an der Bushaltestelle.

„Was schaust du so?“, fragte er, als er Flos verzweifeltes Gesicht sah. Doch Flo murmelte bloß: „Alles okay.“

Dann standen sie schweigend nebeneinander.

„Wo warst du gestern?“, fragte Flo, um etwas zu sagen.

„Ich kann ja mal was alleine machen, oder?“, antwortete Tom. Flo zuckte mit den Schultern, dann schwiegen sie wieder. Als der Bus kam und sie einstiegen, sagte Tom wie nebenbei: „Ich war bei Grit.“

„Verdächtigt sie uns immer noch?“

„Sie wird ihrem Vater nichts sagen.“ Tom setzte sich neben Flo.

„Dann ist ja alles in Ordnung.“

„Nichts ist in Ordnung.“

Flo drehte den Kopf zu Tom, aber der schien nicht weitersprechen zu wollen.

„Ist sie jetzt deine Freundin?“, fragte Flo.

„Würde sie wohl gerne, aber ich nicht“, sagte Tom und starrte mit düsterem Blick vor sich hin. „Selbst wenn sie ihrem Vater nichts sagt, sind wir sowieso bald dran …“

„Es sei denn, wir finden das Ding.“

„Grit hat schon alles abgesucht …". Tom schüttelte den Kopf. „Das Ding ist einfach weg."

„Hast du ihr gesagt, dass du nicht mit ihr zusammen sein willst?"

„Nein, ich bin doch nicht verrückt."

Flo überlegte, ob er erzählen sollte, dass er Alina getroffen hatte. Aber er hatte auf einmal das Gefühl, dass er das nicht durfte.

„Kommt Luke heute nicht?", fragte er, als sie an seiner Haltestelle vorbeifuhren.

„Macht heute blau", sagte Tom grimmig und Flo wusste nicht, was er dazu sagen sollte.

In der Schulpause setzte Flo sich allein auf eine Bank, um in Ruhe nachzudenken.

Auf einmal saß Alina neben ihm. Er wollte schon aufstehen, weil er fürchtete, dass sie ihn wieder über die Fotos ausfragen wollte, blieb dann aber doch sitzen.

„Alles okay?", fragte sie.

Flo zuckte mit den Schultern und blickte sich nach Tom um.

„Und du?", fragte er.

„Luke ist heute nicht da“, sagte Alina plötzlich und es klang nicht wie eine Feststellung, sondern wie eine Frage. Flo erschrak.

„Komischer Typ, dieser Luke“, sagte Alina leise.

Flo wusste nicht, was er sagen sollte, fragte sich nur, warum Alina das Gespräch auf Luke lenkte.

„Ich verstehe nicht, warum du dich von ihm ausnutzen lässt“, schob sie nach.

„Wer sagt, dass er mich ausnutzt?“ Flo versuchte, mit fester Stimme zu antworten.

„Ich sag das. Das sieht doch jeder“, sagte Alina.

Jetzt stand Flo doch auf, aber sie blickte zu ihm hoch: „Es ist nicht mein Problem, aber ich finde, dass du so etwas nicht nötig hast – ich finde dich nett und es ist schade, dass du dich von jemandem“, sie überlegte, sprach dann langsam weiter, „abhängig machst.“

Flo spürte, wie er rot wurde, und setzte sich wieder neben sie, ohne es zu wollen. Er starrte vor sich hin und hörte sich plötzlich sagen: „Ich mag ihn halt.“

„Du magst ihn also“, hörte er Alinas Stimme und er merkte, wie sich sein Brustkorb zusammenzog und ihm Tränen in die Augen stiegen. Sie weiß es, dachte er, aber woher?

„Ja und?", fragte er mit letzter Kraft und blickte zu Boden.
„Wir sind doch Freunde", schob er schnell hinterher und wischte sich verstohlen über die Augen.
„Wenn du meinst", sagte Alina und stand auf, während Flo weiter auf das graue Muster des Bodens starrte.
„Wer hat meine Fotos gepostet?", fragte Alina.
„Du weißt es doch, oder?"
Flo schüttelte den Kopf, da läutete der Pausengong. Ich werde Luke niemals verraten, dachte er, stand ohne ein weiteres Wort auf und lief zu seinem Klassenraum.

* * *

Schweigend stand Tom draußen auf dem Pausenhof zwischen Hannah und Grit. Grit hielt zwei Finger seiner Hand fest und schwang mit ihnen leicht hin und her. Er überlegte, ob er sie zurückziehen sollte, aber die Pause war sowieso gleich aus.
„Alinas Vater war ziemlich sauer", sagte Hannah.
„Und deiner?", fragte Grit.
„Mein Vater ist cool", sagte Hannah, „außerdem kann mir nichts passieren. Ich bin ja nicht auf den Fotos drauf."

Tom überlegte, ob seine Mutter gestern überhaupt zum Elternabend gegangen war, denn heute früh hatte sie zu dem Thema nichts gesagt. Aber vielleicht sparte sie sich das Donnerwetter nur bis zum Abend auf, wenn auch sein Vater zu Hause war. Er musste gleich nach der Schule mit Flo alles absprechen. Tom zog seine Finger jetzt doch aus Grits Hand.

„Hast du deinem Vater erzählt, dass wir den Affen zuletzt hatten?", wollte er wissen.

„Ich hab nichts gesagt", sagte Grit. In Toms Ohren klang es wie: Ich habe noch nichts gesagt.

Als es läutete, drückte Grit ihm einen Kuss auf die Wange.

„Bis später", rief sie und verschwand Richtung Pausenhalle.

Missmutig machte auch Tom sich auf den Weg zu seinem Klassenzimmer und dachte nur daran, dass seine Lage sich von Tag zu Tag verschlimmerte.

* * *

In der letzten Stunde versuchte sich Alina auf den Unterricht zu konzentrieren, aber Flo ging ihr nicht aus dem Kopf. Es stimmte also. Er war in Luke verliebt. Es tat ihr leid, dass sie ihn fast zum Weinen gebracht hatte. Aber sie glaubte ihm nicht, dass er nicht wusste, wer ihre Fotos gepostet hatte. Auch wenn er auf ihre Frage hin den Kopf geschüttelt hatte. Vielleicht hatte er doch gelogen. Wer sonst sollte es gewesen sein?

„Alina, wo bist du mit deinen Gedanken?", hörte sie die Stimme des Lehrers. „Aus welchen Knochen besteht der Kopf der Blaumeise?"

„Sie ist bei ihrer Karriere", hörte sie eine Mädchenstimme von hinten. Leises Kichern, Alina hatte keine Lust, sich umzudrehen.

„Ich weiß es nicht", sagte sie schnell, um weiter nachdenken zu können. Sie befühlte den Brief von Flo in ihrer Tasche. Sie musste etwas tun, sah auf die Uhr über der Tür. Es war fünf vor eins. Sie stand auf. „Tut mir leid", sagte sie, „ich fühle mich nicht gut, ich muss mal an die Luft."

„Wieder die ganze Nacht Fotos gemacht, was?", rief eine Stimme von hinten, aber Alina hörte nicht auf sie und achtete nicht auf den Lehrer, der ihr mit hochgezogenen Augenbrauen nachschaute.

Unten wartete sie vor Flos Klassenzimmer, lehnte sich an die gegenüberliegende Wand und griff nach seinem Brief.

Dann öffnete sich die Tür und die ersten Schüler stürmten hinaus. Es dauerte, bis Flo kam. Er blickte sie kurz an und ging dann wortlos weiter.

„Flo“, rief Alina ihm hinterher, aber Flo reagierte nicht. Sie lief ihm nach, bis sie ihn auf der Treppe einholte. „Flo, ich hab was für dich“, sagte sie und hielt ihn am Arm fest. Da blieb er endlich stehen.

„Was willst du?“, fragte er mit gequälter Stimme.

„Mich entschuldigen“, sagte Alina, „und mit dir reden.“

Er hob den Kopf.

„Ich habe dein Physikheft“, sagte sie schnell.

„Was hast du?“, fragte er.

Alina schwieg und wartete, bis der Schülerstrom langsam verebbte.

„Woher hast du das?“, fragte er.

Alina zog den Brief aus der Tasche und gab ihn Flo.

„Du hast es liegen gelassen, ich habe es eingesteckt. Ich wollte es dir zurückgeben, aber dann hab ich es behalten“, gab sie zu. „Ich war sauer, weil ich dachte, dass du meine Fotos gepostet hast.“

Flo blickte sie an.

„Der Brief“, sagte sie dann, „der ist auch da. Ich habe ihn gelesen, aber niemandem etwas davon erzählt.“

Flo drückte den Brief an sich. Sein Gesicht war gerötet und er schnappte nach Luft wie ein Ertrinkender, den man gerade noch an Land gezogen hatte.

„Können wir nach draußen gehen?“, fragte er schließlich.

Alina nickte, nahm seine Hand und zog ihn hinter sich her.

Draußen wehte ihm der frische Wind die Haare ins Gesicht. Er schüttelte sie zur Seite. Alina bemerkte, dass er seinem Bruder ziemlich ähnlich sah, und wusste wieder, warum sie in Tom verliebt war.

„Ich habe dich auch angelogen“, bekannte Flo nach einer Weile, „ich weiß, wer die Fotos hochgeladen hat. Luke hat sich so geärgert, dass du die Partyfotos gepostet hast, und wollte sich dafür rächen.“

Er schwieg einen Augenblick, dann sagte er:

„Ich wollte ihn nicht verraten.“

„Verstehe“, sagte Alina, „aber alle hassen mich wegen der Bilder. Und wenn mein Vater die zu sehen kriegt, ist mein Leben zu Ende.“

„Meins auch, wenn jemand von dem Brief erfährt“, sagte Flo.

Langsam gingen sie weiter. Die Schulbusse waren schon weggefahren, sie mussten zu Fuß nach Hause.

„Was war denn so schlimm an den Partyfotos? Wieso wollte sich Luke dafür rächen?“, fragte Alina.

Flo überlegte, was er antworten sollte. Aber wenn er ihr die Sache mit dem Affen erzählte, gab es noch mehr Schwierigkeiten. Er hatte schon genug verraten.

„Nichts Besonderes“, wiegelte er ab, „die waren einfach nur peinlich.“

„Wenn sie nichts Besonderes waren, muss man sich auch nicht dafür rächen“, sagte Alina.

Flo zuckte mit den Schultern, unsicher, ob er Alina nicht doch besser alles erzählen sollte. Auf der Brücke, die über den Fluss zur Siedlung führte, blieben sie stehen und starrten auf das Wasser.

„Wie soll das mit dir und Luke weitergehen? Ich kann gar nicht mit ansehen, wie du alles tust, was er will.“

„Ich tu nur, was ich will“, entgegnete Flo trotzig.

„Du bist abhängig, und das ist schlecht", sagte Alina, „vielleicht solltest du wirklich mit Luke reden."
Flo stützte sich auf das Brückengeländer. „Das bringt doch nichts."
„Verlieb dich doch in einen anderen Jungen", schlug Alina vor, merkte aber selbst, dass das Unsinn war.
„Toller Vorschlag", spottete Flo.
„Wie hat es überhaupt angefangen?", fragte Alina.
Flo schaute zur Seite: „Weiß ich nicht mehr genau. Er kam immer zu Tom und ich fand die beiden gut. Ich habe Tom immer verehrt und Luke war so etwas wie ein zweiter großer Bruder, aber einer, der eben ganz anders war."
„Okay", sagte Alina, „aber deswegen verliebt man sich doch nicht."
„Ich weiß auch nicht. Ich wollte ihm immer ganz nah sein, und irgendwann …"
Alina wartete, aber Flo schwieg.
„Ich weiß es einfach nicht", bekannte er schließlich. Alina drückte sich vom Brückengeländer ab und sie gingen weiter.
„Ich werde Luke sagen, dass er deine Fotos löschen soll", versprach Flo, als sie an Alinas

Straße angekommen waren. „Aber erzähl niemandem von dem Brief, okay?"
Sie umarmte ihn kurz. „Danke", sagte sie und sah ihm nach, wie er am Fluss entlang allein weiterging.

* * *

Flo meinte noch, ihre Blicke in seinem Rücken zu spüren, und lief weiter, bis der Weg eine Biegung machte und er zwischen den Büschen am Flussufer nicht mehr zu sehen war. Dann blickte er sich um. Über dem Asphalt flirrte die Hitze, die Häuser der Siedlung verschwammen in den Luftschlieren. Alina war weitergegangen. Er starrte in das Wasser, das langsam und träge an ihm vorbeizog. Ja, dachte er, es war gut, dass er Alina nichts von dem Affen gesagt hatte. Er würde ihn finden und dann wäre die Welt wieder in Ordnung. Er vollzog in Gedanken noch einmal den Weg nach, den Tom, Luke und er in der Nacht der Party zum Fluss genommen hatten. Sie hatten sich die Schuhe ausgezogen und waren in den Fluss gestiegen. Die Strömung hatte ihn augenblicklich wach gemacht und als sie in der Mitte angekommen waren, war sie so stark geworden, dass sie sich aneinander

festhalten mussten, um nicht zu stürzen. Vielleicht hatten sie den Affen dabei verloren. Oder sie hatten ihn da schon gar nicht mehr dabei, er konnte sich einfach nicht erinnern.
Gib den Affen wieder her, dachte er, und starrte auf den Fluss. Er hielt seine Hände ins Wasser, dann legte er sie auf sein Gesicht, spürte die Kühle. Er überlegte, sofort zu Luke zu gehen und ihn zu bitten, die Fotos zu löschen. Aber wenn er ihn jetzt darum bat, dann wäre klar, dass er mit Alina gesprochen hatte und dass es von ihr kam. Dann machte Luke es erst recht nicht. So kam er nicht weiter. Alina hatte die Partyfotos schon gelöscht und es gab nichts, was er Luke als Gegenleistung anbieten konnte. Es sei denn, er fand den Affen. Er musste die Figur suchen. Vielleicht mit Alinas Hilfe. Sie konnten ja nachts in den Garten klettern. Vielleicht hatten sie Glück.

* * *

Tom saß mit Luke draußen an der Garagenwand im Schatten. Luke sah bleich aus, mit Augenringen, als hätte er drei Tage keinen Schlaf gehabt.

„Meine Eltern haben Stress gemacht“, sagte er, „sie sind Grits Vater begegnet. Er hat ihnen von der Anzeige erzählt.“

„Mist“, sagte Tom, „wissen sie, dass wir den Affen hatten?“

Luke schüttelte den Kopf: „Niemand weiß es. Außer deiner neuen Freundin.“

Tom warf kleine Steinchen, die er vom Asphalt sammelte, auf die Straße.

„Meinst du, die Polizei kommt und durchsucht bei uns alles?“, fragte er.

„Keine Ahnung. Und finden würde sie ja sowieso nichts“, sagte Luke, „der Affe ist einfach weg.“

„Aber er muss doch irgendwo sein“, sagte Tom und ließ den Kopf sinken.

„Flo weiß auch nichts?“, fragte Luke. „Der war doch noch klar im Kopf. Der hätte doch aufpassen können.“

Wieder schwiegen sie, starrten vor sich hin.

„Ich weiß wirklich nicht mehr, was ich tun soll“, klagte Luke.

„Es war doch keine Absicht von uns“, sagte Tom leise, der Luke noch nie so verzweifelt gesehen hatte. „Das blöde Ding ist einfach verloren gegangen.“

„Wenn sie auf die Fotos stoßen, sind wir trotzdem dran“, jammerte Luke, „auf den Bildern sieht es so aus, als hätten wir das Teil geklaut.“

Tom hob den Kopf und zeigte Richtung Straße: „Da kommt Flo.“

„Flo“, sagte Luke leise, „Flo ist doch noch nicht strafmündig oder wie das heißt, oder?“

Tom zuckte mit den Schultern: „Keine Ahnung, wieso?“

„Erzähle ich dir später. Ich rede mit ihm, vielleicht macht er mit. Dann hat die Polizei keine Chance und uns kann niemand was ...“, sagte Luke und zum ersten Mal seit Tagen flog ein Lächeln über sein bleiches Gesicht.

* * *

Als Alina zu Hause ankam, dachte sie immer noch an Flo. Warum ließ sich ein Mensch von einem anderen so unterdrücken? Hannah und Grit hatten es ja auch mit ihr versucht, dachte sie, aber sie war lieber allein, als sich auf so ein Spiel einzulassen. Sie schloss die Tür auf und trat in den kühlen Hausflur.

„Hallo“, rief sie in das Esszimmer, aber obwohl sie spürte, dass da jemand war, antwortete niemand.

„Hallo?!", rief sie noch einmal, da hörte sie ein Zeitungsrascheln und einen Stuhl, der zurückgeschoben wurde. Sie blieb stehen. Es war irgendwie unheimlich, dass ihr niemand antwortete.

„Ist da jemand?", fragte sie. Dann spähte sie ins Esszimmer und sah den Rücken ihres Vaters, der dort am Tisch saß.

„Hallo?", wiederholte sie. Ihr Vater sah auf, sagte aber nichts, sondern nickte nur und deutete mit dem Kopf auf den Stuhl ihm gegenüber.

Alina schoss das Blut ins Gesicht. Etwas Schreckliches musste passiert sein, hoffentlich nichts mit Mama, dachte sie und setzte sich.

„Alles in Ordnung?", fragte sie.

„Wie man's nimmt", sagte ihr Vater.

Alina wollte aufstehen, was sollte das hier? „Ist Mama da?", fragte sie.

„Gib mir dein Handy", verlangte ihr Vater und streckte seine Hand aus. Alina verzichtete zu fragen, warum, holte es aus der Hosentasche und legte es auf den Tisch.

„Vorgestern war Elternsprechtag", sagte er, „da wurde allerhand geredet. Grits Vater hat ein paar Probleme auf dem Fest gehabt."

„Grit“, schnaubte Alina und entspannte sich. Es ging wohl um die Party, aber da konnte man ihr nichts vorwerfen. Sie hatte nichts Falsches getan. Aber ihr Vater runzelte trotzdem die Stirn.
„Da scheint ganz schön was los zu sein bei euch“, sagte er.
„Seit Grit da ist, gibt es nur Ärger …“, beschwerte sich Alina.
„Und hat Grit auch die Fotos gemacht?“
„Welche Fotos?“
„Alina, du weißt genau, welche Fotos ich meine. Wie kommst du dazu, solche Bilder machen zu lassen und sie ins Internet zu stellen?“
„Ich war das nicht“, protestierte Alina und spürte Wut in sich aufsteigen, weil ihr Vater ihr unterstellte, die Fotos selbst hochgeladen zu haben. „Wer hat dir von den Fotos erzählt? Grit natürlich“, zischte Alina.
Aber ihr Vater schüttelte nur langsam den Kopf. Dann erzählte er, was passiert war. Nachdem er mitbekommen habe, dass nach der Party sogar die Polizei ermittele, wollte er selbst wissen, mit wem sich seine Tochter so herumtreibe, und habe recherchiert. Und dabei sei er dann auf die Fotos gestoßen.

„Das war ein ziemlicher Schock für mich", bekannte er ganz leise, „solche Fotos von dir, das ist doch nicht normal, dass man sich halb nackt auszieht und öffentlich so präsentiert."

„Ich hab sie nicht veröffentlicht", sagte Alina.

„Aber sie sind von dir gemacht worden und du kennst wohl denjenigen und hattest anscheinend nichts dagegen …"

Alina schüttelte den Kopf. Sie merkte, wie ihr Tränen in die Augen stiegen.

„Niemand hat die Fotos gemacht!"

„Hör auf, mich anzulügen", schrie ihr Vater jetzt, „verschwinde in dein Zimmer und lass dich nicht mehr sehen! Das Handy bleibt hier und wenn es nach mir geht, siehst du es nie wieder!"

Alina stand auf, während ihr die Tränen über das Gesicht liefen, und ging, ohne sich noch einmal umzusehen, hoch in ihr Zimmer. Sie war wütend, dass ihr Vater ihr nachspionierte, aber viel schlimmer war, dass er die Fotos gesehen hatte. Er war in ihre Privatsphäre eingedrungen. Es war ihr Leben und auch wenn sie das mit den Fotos nicht gewollt hatte, war das allein ihre Sache.

5 Die Suche nach dem Affen

Auf Grits Stirn standen Schweißperlen, in ihrem Gesicht leuchteten rote Flecken. Sie konnte kaum sprechen, als sie vor der Eisdiele vom Rad stieg.

„Wie siehst du denn aus?“, fragte Hannah und grinste. „Wo doch Tom gleich kommt.“

„Mein Vater“, Grit schnappte zwischen den Worten nach Luft, „er will sich nicht nur auf die Polizei verlassen, sondern selber herausfinden, wer die Figur geklaut hat. Ich soll ihm eine Liste mit allen schreiben, die auf der Party gewesen sind. Und er wollte wissen, wen ich für verdächtig halte.“

„Und?“, fragte Hannah gedehnt und lehnte sich zurück.

„Ich musste ja irgendetwas sagen.“ Grit hatte sich auf den Stuhl neben Hannah gesetzt und wischte sich über die Stirn. „Wenn er mir das Haus überlässt, dann trage ich die Verantwortung, meinte er, und wenn ich ihm nicht sagen kann, wer es gewesen ist, dann würde ich mit dem Dieb wohl unter einer Decke stecken …“

„Coole Logik“, sagte Hannah, „und was hast du gesagt?“

„Was sollte ich schon sagen, ‚Alina‘ hab ich gesagt.“

„Alina“, wiederholte Hannah mit ruhiger Stimme, „aber Alina war es doch nicht.“

„Ich habe ja auch nicht gesagt, dass sie es war. Aber sie hätte es sein können, keiner hat auf sie geachtet, vielleicht …“

„Also, ich weiß nicht“, sagte Hannah, „ich kenne Alina schon ziemlich lange …“

„Wenn sie es nicht war, kann man es auch nicht beweisen, und niemand hat ein Problem“, sagte Grit.

„Da hast du recht.“ Hannah deutete in Richtung Schule, Tom kam gerade vom Nachmittagsunterricht. Er stellte seine Tasche neben den Tisch und zog einen freien Stuhl heran.

„Ganz schön heiß heute“, sagte er und drückte Grit einen Kuss auf die Wange.

„Gibt’s was Neues?“, fragte er.

„Sag mal“, wandte sich Grit an Tom, „könnte es nicht sein, dass Alina den Affen genommen hat?“

„Was sollte sie mit dem Affen?“, fragte er.

Grit zog die Augenbrauen hoch: „Das könnte ich dich auch fragen.“

„Schon gut“, beschwichtigte Tom. „Ja, Alina macht seltsame Sachen“, sagte er und dachte an ihre Fotos. Vielleicht hatte sie ja wirklich die Figur.

„Also, was meinst du?“, fragte Grit.
Tom zuckte mit den Schultern. „Wahrscheinlich hast du recht. Was weiß ich.“

* * *

Als es dunkel war, hörte Alina ein Klackern an ihrem Fenster. Sie erschrak, bewegte sich aber nicht.
Ihr Vater war nach dem Abendessen noch einmal in ihr Zimmer gekommen, um ihr mitzuteilen, dass sie nicht nur auf ihr Handy verzichten musste, sondern auch Hausarrest und Besuchsverbot hatte.
Wieder das Klackern an ihrer Scheibe. Langsam stand sie von ihrem Bett auf, stellte sich hinter die Gardine und starrte hinaus. Da sah sie hinter dem Gartenzaun eine Bewegung, dann ein Gesicht. Tom. Sie spürte ihr Herz schlagen, hob eine Hand, winkte. Dann kniff sie die Augen zusammen und erkannte enttäuscht, dass es nicht Tom war, sondern Flo. Er fuchtelte mit seinen Armen wie eine Windmühle durch die Luft. Alina hoffte, dass ihre Eltern nicht auf der Terrasse saßen und ihn bemerkten. Sie zog die Gardine zurück und gab ihm ein Zeichen. Dann öffnete sie leise die

Zimmertür. Ihre Eltern saßen im Wohnzimmer vor dem Fernseher. Alina schlich die Treppe langsam nach unten. Hausarrest hieß ja nicht, dass man nicht in den Garten gehen durfte.
Sie ging, ohne etwas zu sagen, hinter ihren Eltern durch das Wohnzimmer und öffnete die Terrassentür.
„Mach hinter dir zu, sonst kommen Mücken ins Haus", sagte ihre Mutter. Alina hatte nicht gedacht, dass es so einfach sein würde.
Vorsichtig schloss sie die Tür hinter sich, blieb einige Augenblicke zur Tarnung auf der Terrasse stehen und ging dann langsam Richtung Zaun.
„Was gibt's?", flüsterte sie in die Dunkelheit.
Zwischen den Zweigen sah sie Flos helles Gesicht.
„Ich muss mit dir reden", flüsterte Flo. „Luke will nur unter einer Bedingung den Account mit deinen Fotos löschen."
„Das ist jetzt auch egal. Es ist zu spät. Mein Vater hat die Fotos entdeckt. Meine Eltern wissen alles", sagte Alina.
„Dann braucht Luke den Account nicht zu löschen?", fragte Flo.
Alina wusste nicht, was sie antworten sollte, als Flo ihr hastig erzählte, dass Luke von ihm ver-

lange, er solle zugeben, den Affen verloren zu haben. Dass er allein schuld sei. Damit Tom und Luke keinen Ärger bekämen. Er selbst sei ja noch nicht strafmündig.

„Welchen Affen denn? Wovon redest du da?", fragte Alina.

„Na, diesen Bronzeaffen von Grits Vater, mit dem wir auf der Party rumgealbert haben", sagte Flo.

Alina zog die Augenbrauen hoch. Sie sah sich wieder Erde über das Loch schieben. Das war also der Grund, weswegen sich alle so eigenartig verhielten!

„Ich will das aber nicht machen", sagte Flo flehend, „ich war es doch nicht allein. Ich hab schon genug Probleme."

Alina atmete aus: „Das ist übel. Das kann man doch nicht machen mit seinem Freund." Sie überlegte. Im Dunkeln sah sie die Umrisse von Flos Gesicht und stellte sich vor, wie verzweifelt er sein musste. „Wie ist Luke überhaupt an die Bilder gekommen?"

Flo schwieg, dann sagte er nach einigen Augenblicken: „Tom hat die Fotos von dir rumgezeigt und Luke wollte sie haben. Dann habe ich sie heimlich von Toms Handy runtergeladen und an

Luke geschickt. Ich wollte Luke bloß einen Gefallen tun. Es tut mir leid."

„Schon okay", sagte Alina langsam. Sie hatten beide einen Fehler gemacht und Flo hatte ihr das mit dem Heft auch nicht übelgenommen. Zumindest hatte er nichts gesagt.

„Ich weiß, wo der Affe ist", wisperte sie dann.

„Alina", hörte sie die Stimme ihres Vaters, „bist du noch da?"

„Jaahaa", rief sie zurück, „ich komme gleich."

Sie hörte, wie ihr Vater zurück ins Haus ging.

„Wir holen ihn morgen", versprach sie Flo.

„Woher weißt du, wo er ist? Und wie bringen wir ihn zurück?", fragte Flo.

„Alina!" Ihr Vater stand schon wieder auf der Terrasse.

„Komme", flötete Alina in Richtung Haus.

„Morgen", flüsterte sie Flo zu, dessen Gesicht im Dunkeln verschwand. „Morgen erkläre ich dir alles." Dann ging sie schnell zum Haus zurück.

In der Nacht träumte sie, dass sie versuchte, den Affen aus dem Erdloch zu holen. Aber immer wenn sie nach ihm griff, rutschte er tiefer hinein, bis ihr ganzer Arm in dem Loch steckte und sie ihn nicht mehr herausziehen konnte. Sie wachte vor dem Wecker auf und starrte ins Dunkel. Da fiel ihr ein, dass sie ja nicht nur die Figur finden, sondern auch wieder zurückbringen mussten, ohne dass es jemand merkte. Aber wie sollte das gehen? Sie blickte aus dem Fenster. Zu nichts hatte sie weniger Lust, als den Garten von Grits Haus noch einmal zu betreten.

Sie zog sich an und setzte sich an den Schreibtisch. Sie brauchte einen Plan. Mit Hausarrest konnte sie nachts sowieso nicht weg. Und wenn herauskam, dass sie sich heimlich aus dem Haus schlich, dann würde sie ihr Handy nie wiedersehen.

Sie frühstückte und verließ das Haus früher als sonst.

Flo stand bereits an der Brücke und wartete auf sie. Er sah müde aus, aber er lächelte.

Als sie ihm erklärte, wie schwierig es sein würde, an die Figur zu kommen, wurde sein Gesicht wieder ernst.

Schweigend gingen sie eine Weile nebeneinander her.

„Wir könnten durch den Fluss gehen“, schlug Flo vor, „die Büsche sind so dicht. Vom Haus aus sieht uns da niemand.“

„Hm“, brummte Alina, die sich nicht vorstellen konnte, bei Tageslicht in ein fremdes Grundstück einzudringen. „Gleich nach der Schule?“
Flo nickte. Alina seufzte. Das alles nur wegen ein paar Bildern. Aber sie hatte ja noch mehrere Stunden, um zu überlegen, wie sie ihren Eltern erklären konnte, dass sie mit nasser Kleidung nach Hause kam.

***

Flo wartete unter den tief hängenden Zweigen einer Weide verborgen, um ein zweites Mal durch den Fluss zu waten. Beim ersten Mal war er noch richtig verliebt in Luke gewesen. Inzwischen wusste er es nicht mehr so genau. Alina hatte recht. Zu verlangen, dass er alle Schuld allein auf sich nahm, ging zu weit. In der Pause hatte Luke ihn gefragt, ob er schon alles klargemacht habe. Er hatte gesagt, er wolle noch warten, bis die Polizei tatsächlich käme. Das sei doch Unsinn, hatte Luke gesagt, besser davor. „Ich meine es ernst“, hatte er hinzugefügt, „uns läuft die Zeit davon. So etwas für einen Freund zu tun, ist etwas Besonderes. Das wird nicht vergessen.“

Luke hatte seinen Arm um Flos Schultern gelegt und Flo hatte fast vergessen Tom zu fragen, ob er sich heute noch mit Grit treffe.
„Ja, später“, hatte Tom gesagt, „warum?“
„Nur so.“ Flo war unter Lukes Arm weggetaucht und dann schnell gegangen.
Jetzt kratzte er mit einem Stöckchen in der Erde am Flussufer herum. Vielleicht war er in Luke verliebt, weil er nie wirklich geglaubt hatte, mit ihm zusammenzukommen. Er wischte sich die Haare aus der Stirn und hoffte, dass Alina bald da war. Mit ihr kann man reden, dachte er, sie hatte sich nicht über ihn lustig gemacht. Vielleicht war sie der einzige Mensch, dem er vertrauen konnte. Wie lange hatte er seine Gefühle für sich behalten müssen. Fast zerplatzt wäre er manchmal. Vor Traurigkeit, wenn Luke mal wieder mit einem Mädchen abzog. Und vor Glück, wenn er gespürt hatte, dass Luke ihn als Freund ansah. Jetzt war er sich nicht mehr sicher, ob er überhaupt noch mit Luke befreundet sein wollte.
Da stand Alina endlich vor ihm. „Wir müssen uns beeilen“, drängte sie und begann, sich die Schuhe aufzuschnüren.

Flo schob seine Hosenbeine nach oben: „Da vorne ist es nicht so tief."
Sie nahmen die Schuhe in die Hand und stiegen ins Wasser, das kalt ihre Beine umströmte. Flo ging voraus.
„Halt dich an meinem Arm fest", sagte er. Alina hatte zwar das Gefühl, dass es besser wäre, wenn er sich an ihr festhielte, aber sie sagte nichts und griff nach seinem Arm. Er war ja schon einmal durch den Fluss gekommen, und das auch noch nachts. Schritt für Schritt arbeiteten sie sich vor.
„Vorsichtig", Flo drehte sich zu Alina um, „da vorne geht es abwärts und die Strömung ist stark."
„Ja", sagte Alina. Sie musste es rufen, damit er sie hörte, so laut strömte hier das Wasser um sie. Es reichte jetzt schon bis über ihre Knie. Weiter, dachte sie, wir haben keine andere Wahl.
Flo blickte sie an, sein Gesicht war bleich.
„Alles in Ordnung?", fragte sie und er lächelte verkrampft.
„Gleich sind wir durch." Alina spürte ihre Füße schon nicht mehr und rutschte auf einem glatten Stein aus.
„Achtung!", schrie sie, aber Flo hielt sie fest und sie wunderte sich über seine Kraft.

„Nicht so laut“, sagte Flo, „wir sind fast da. Sonst hören sie uns noch.“

„Da ist doch niemand, oder?“, fragte Alina, als sie das flachere Wasser erreicht hatten.

Flo stieg das Ufer hinauf und zog Alina nach oben. Sie stellten die Schuhe auf den Boden und schlichen gebückt im Schutz der Büsche einige Meter am Ufer entlang. Plötzlich bekam Alina Angst. Angst, die Stelle, an der sie die Figur in das Erdloch geschoben hatte, nicht mehr zu finden.

„Hier haben wir nach der Party die Schuhe ausgezogen“, sagte Flo, hockte sich auf den Boden und deutete auf das Gras, das durch eine Lücke zwischen den Büschen bis an das Ufer reichte.

„Da bei den Bäumen muss es sein.“ Alina sah sich hilflos um. Bei Tag sah alles ganz anders aus als in der Nacht der Party.

Sie lief gebückt zum ersten Baum und fühlte, ob neben den Wurzeln die Erde locker war. War sie nicht. Sie schlich zum zweiten Baum, während Flo sorgenvoll zum Haus hinüberblickte.

„Hier“, sagte sie auf einmal, „hier ist es.“

Flo atmete erleichtert auf. Alina grub mit den Fingern in der Erde und zog den Bronzeaffen heraus.

„Wir haben ihn!“, sagte Alina und hielt die Figur hoch.

„Lass uns abhauen“, drängelte Flo und stand langsam auf, als plötzlich ein Mann vor ihnen stand. Alina und Flo erstarrten.

„Von wegen abhauen“, drohte der Mann, „ihr bleibt schön hier!“

Er stand leicht vorgebeugt und hätte jeden Fluchtversuch verhindert. Flo blickte kurz zu Alina, sie hielt die Figur hinter ihrem Rücken verborgen. Kurz schoss ihm der Gedanke durch den Kopf, dass sie doch versuchen konnten, ins Wasser zu fliehen, aber der Mann war noch einen Schritt näher gekommen.

„Wir haben uns irgendwie verlaufen“, sagte Flo mit zittriger Stimme, „wir wollten gerade wieder gehen.“

„Ihr bleibt, wo ihr seid“, sagte der Mann, als sich eine zweite Person vom Haus näherte.

„Alina“, rief der zweite Mann und Alina konnte es nicht fassen.

„Papa? Was machst du denn hier?“

„Grits Vater hat mich angerufen. Du stehst unter Verdacht, die Bronzefigur gestohlen zu haben.“

„Was heißt hier Verdacht?“, sagte der andere Mann, der wohl Grits Vater sein musste. „Sie hat die Figur doch in der Hand! Da, hinter ihrem Rücken!“

Alina zog die Hand langsam nach vorne. „Ich habe sie nicht geklaut. Sie lag die ganze Zeit unter dem Baum.“

„Und nachdem du erfahren hast, wie wertvoll sie ist, bist du gekommen, um sie zu holen“, sagte Grits Vater.

„So ein Quatsch!“, protestierte Alina, „wir wollten sie finden und zurückgeben.“

„Das stimmt“, bestätigte Flo, der zu begreifen versuchte, was sich hier abspielte.

„Aha, und wer bist du?“, fragte Alinas Vater.

„Ich bin Flo. Toms Bruder.“

„Toms Bruder?“, wiederholte Grits Vater und legte den Kopf zur Seite. „Was hat denn Tom damit zu tun? Na, das werden wir ja gleich erfahren, wenn Grit mit ihm nach Hause kommt.“

Grits Vater drehte sich um und gab das Zeichen, ihm zum Haus zu folgen. Alina spürte die Blicke ihres Vaters in ihrem Rücken.

„Ich wollte ihn nicht stehlen“, beteuerte Alina noch einmal, als sie im Wohnzimmer den Affen an seinen Platz zurückstellte. Ihr Vater schaute sie lange an, sagte aber nichts, während sie in seinem Gesicht zu lesen versuchte, ob er ihr glaubte. Dann waren an der Haustür Geräusche zu hören, Grit und Tom kamen herein und blickten Alina und Flo erstaunt an.

„Sie war es! Sie hat den Affen gestohlen“, rief Grits Vater und deutete auf Alina.

„Ich hab’s ja gesagt.“ Grit grinste triumphierend und wollte Tom aus dem Zimmer führen, der aber zog seine Hand weg und starrte seinen Bruder an.

„Die Beweise sind wohl eindeutig“, sagte Grits Vater.

„Das stimmt nicht.“ Flo strich sich die Haare aus dem Gesicht. „Ich war es – ich hatte das Ding auf der Party in der Hand und habe es dann irgendwo verloren. Alina hat mir nur geholfen, es zu finden.“

„Aber das stimmt doch auch nicht“, sagte Tom und starrte Flo verblüfft an. „Das sagst du doch nur wegen Luke. Hat er das von dir verlangt?“

Flo stand mit zusammengepressten Lippen zwischen Alina und Tom. Wenn er jetzt schwieg, dann würde alles so weitergehen. Dann hatte Luke gewonnen.

„Ich mache es nicht wegen Luke. Luke ist genauso schuld. Er hatte den Affen auch auf der Party. Wer ihn am Ende verloren hat, ist doch egal. Alina hat ihn jedenfalls nicht geklaut."

„Glaubst du mir nun?", fragte Alina ihren Vater.

„Ja", sagte er ganz ruhig, „so wie es aussieht, wollte niemand die Figur stehlen. Und die Figur ist auch wieder da. Beteiligt sind anscheinend mehrere Menschen, die selber nicht genau wissen, wer was getan hat. Aber eines möchte ich hier nicht mehr hören: dass Alina die Figur absichtlich gestohlen hat."

Dabei blickte er sehr scharf Grits Vater und dann Grit an, die schließlich zu Boden schaute.

„Das wird mir hier zu kompliziert", klagte Grits Vater, „von meiner Seite ist die Sache damit erledigt. Hauptsache, das Ding ist endlich wieder da."

„Dann können wir ja jetzt gehen. Kommst du?", fragte Grit ungeduldig Tom, aber der schüttelte den Kopf.

„Ich hab noch was zu erledigen", sagte er.

„Ich auch", sagte Alina, blickte sich nach Flo um, sah ihn aber plötzlich nicht mehr.

„Wir sehen uns dann zu Hause, Papa", verabschiedete sich Alina und ging über die Terrasse raus in den Garten, wo sie sich nach Flo umsah.

Er saß vorne am Ufer. Langsam ging sie zu ihm und blieb dann neben ihm stehen.
„Ich will nicht drüber reden“, wehrte Flo ab.
„Verstehe ich“, sagte Alina und setzte sich neben ihn. „Aber manchmal ist reden das Richtige.“ Nach einer kurzen Pause fügte sie hinzu: „Es hat dir doch gutgetan, es mir zu erzählen, oder?“
„Ja“, gab Flo zu, „auch wenn ich nicht weiß, wie es jetzt weitergeht.“
„Ich hätte auch besser mit Tom sprechen sollen, anstatt ihm die Fotos zu schicken. Aber von der Sache mit dir und Luke musst du ja niemandem erzählen, wenn du es nicht willst.“
„Ich glaube, Tom weiß es auch. Aber das ist mir egal.“ Kurz schwieg er, dann sah er Alina an: „Ich meine, ich habe schon Angst, dass die anderen sich über mich lustig machen. Und meine Eltern werden sagen, dass ich verrückt bin und schon wieder normal werde, aber …“
„Du bist, wie du bist. Aber du musst selber wissen, wie viel du von dir preisgibst. Du hast ja gesehen, was sie zu meinen Fotos gesagt haben.“
„Ja“, sagte Flo, „das war übel.“
„Zu sich selbst stehen heißt ja nicht, dass man es allen auf die Nase binden muss.“ Alina stand auf.

„Wenn du in einen Jungen verliebt bist, ist das deine Sache. Du musst ja nicht gleich deine Liebesbriefe posten."
Sie legte Flo kurz die Hand auf die Schulter und ging dann langsam zum Haus zurück. Tom kam ihr entgegen.
„Es tut mir leid", sagte er, „ich hätte die Fotos niemandem zeigen dürfen."
Alina nickte. „Und ich war sauer auf euch alle, deswegen habe ich die Figur versteckt. Ich wollte euch nicht in Schwierigkeiten bringen. Es konnte ja keiner ahnen, dass sie so wertvoll ist."
„Weißt du, was mit Flo ist? Er war die letzten Tage so komisch. Ich glaube, es ist wegen Luke", sagte Tom.
„Ja", sagte Alina, „du solltest mal mit ihm reden."
„Mach ich", versprach Tom. „Sag mal, was machst du denn morgen Nachmittag? Ich glaube, wir sollten auch mal reden."
„Triffst du dich da nicht mit Grit?", fragte Alina ungläubig.
„Ich schätze, ich werde ihr wohl absagen müssen", sagte Tom und lächelte sie an.